CÓMO MOTIVAR
Y COMPROMETER
A LOS EMPLEADOS

PATRICK LENCIONI

Autor del *best seller*
Las cinco disfunciones de un equipo

CÓMO MOTIVAR Y COMPROMETER A LOS EMPLEADOS

Publicado anteriormente como
Los tres signos de un trabajo miserable

Una fábula que aborda las tres causas fundamentales de un trabajo infeliz

EDICIONES OBELISCO

Si este libro le ha interesado y desea que le mantengamos informado de nuestras publicaciones, escríbanos indicándonos qué temas son de su interés (Astrología, Autoayuda, Ciencias Ocultas, Artes Marciales, Naturismo, Espiritualidad, Tradición...) y gustosamente le complaceremos.

Puede consultar nuestro catálogo en www.edicionesobelisco.com

Colección Empresa
Cómo motivar y comprometer a los empeados
Patrick Lencioni

1.ª edición: abril de 2018

Título original: *The Truth About Employee Engagement*

Traducción: *Pilar Guerrero*
Maquetación: *Natàlia Campillo*
Corrección: *M.ª Ángeles Olivera*
Diseño de cubierta: *Isabel Estrada sobre una imagen de Shutterstock*

Edita: Ediciones Obelisco, S. L.
Collita, 23-25. Pol. Ind. Molí de la Bastida
08191 Rubí - Barcelona - España
Tel. 93 309 85 25 - Fax 93 309 85 23
E-mail: info@edicionesobelisco.com

ISBN: 978-84-9111-325-6
Depósito Legal: B-5.847-2018

Printed in Spain

Impreso en España en los talleres gráficos de Romanyà/Valls, S. A.
Verdaguer, 1 - 08786 Capellades (Barcelona)

A mis hijos: Michael, Casey, Connor y Matthew.
Ojalá los empleos que tengáis sean gratificantes y plenos.

INTRODUCCIÓN

El trabajo es algo que siempre me ha fascinado; debo admitir que, incluso, a veces de una forma enfermiza.

Recuerdo que, de jovencito, me sorprendía y hasta me asustaba al ver que los adultos, como mi propio padre, trabajaban ocho horas o más cada día. ¡Era más tiempo del que yo pasaba en la escuela y se me hacía insoportable!

Y cuando me enteré de que a muchos de esos adultos ni siquiera les gustaba el trabajo que hacían me quedé perplejo, incapaz de comprender por qué la gente le quita tanto tiempo a su familia y a sus amigos para acabar siendo infeliz con su empleo. Supuse entonces, y temí, que también yo me vería en semejante situación algún día.

Mi fascinación por el tema del empleo no hizo más que crecer cuando yo mismo entré a formar parte del mercado laboral a la edad de trece años. Como ayudante de camarero en un restaurante grande, en época estival, trabajé con camareros, lavaplatos, cocineros y bármanes cuyas profesiones eran esas mismas durante todo el año. Después, mientras estudiaba en la facultad, pasé mis veranos trabajando como cajero de banco, junto a profesionales que se dedicaban profesionalmente a ello. En esos dos empleos me encontré preguntándome si a mis compañeros les gustaba en realidad su trabajo, si disfrutaban con él, y acabé concluyendo que a la mayoría de ellos, por desgracia, no le gustaba nada.

Y dicha conclusión me repateaba más, si cabe.

Mi obsesión con el trabajo alcanzó un nuevo nivel cuando me licencié y conseguí mi primer empleo a tiempo completo como asesor de dirección. Fue entonces cuando comprendí (y sufrí en mis propias carnes) eso que se llama *Sunday Blues,* o «tristeza del domingo».

El *Sunday Blues* es esa angustiosa sensación de tristeza y depresión que muchísima gente experimenta los domingos, cuando se acaba el fin de semana y se acerca el lunes, con su temido regreso al trabajo. Tengo que admitir que hubo momentos, al principio de mi carrera, que el *Sunday Blues* me entraba ya el sábado por la noche.

Lo que era bastante problemático para mí, en aquella época, no era sólo el hecho de tener que volver al trabajo, sino también la sensación de que me tendría que gustar el trabajo que hacía. Al fin y al cabo, había conseguido el empleo más deseado y mejor pagado de todos mis compañeros de promoción. No estaba en la cocina de un bar de tapas mugriento, sirviendo comida cutre para llevar. Estaba en un magnífico despacho en lo más alto de un edificio con unas increíbles vistas de la bahía de San Francisco.

Fue entonces cuando decidí que el *Sunday Blues* no tenía ningún sentido.

Hasta entonces había mantenido la teoría de que eliminar la insatisfacción del trabajo era todo lo necesario para conseguir un empleo como debe ser. Un mal empleo es el no cualificado, el que te aburre, el que está mal pagado y el que te sumerge en un entorno desagradable. Por tanto, decidí que la clave de la satisfacción y el compromiso con un empleo radicaba en algo tan simple como encontrar un trabajo interesante, bien pagado y en un entorno agradable, a cubierto. Pero después de haber satisfecho todos esos criterios me sentía tan miserable como antes, lo cual me hizo plantearme si después de todo me gustaba en realidad el tema de la consultoría.

Entonces cambié de orientación profesional. Y fui tan infeliz como lo había sido antes.

Mi teoría sobre la satisfacción laboral se había caído por tierra con rapidez, sobre todo a medida que iba conociendo gente con supuestos empleos maravillosos y envidiables que, como yo, estaban amargados en el terreno profesional. Entre ellos había ingenieros, ejecutivos y profesores, todos ellos muy cultos, que habían escogido cuidadosamente sus carreras en función de sus pasiones e intereses. Y, sin embargo, se sentían del todo miserables y amargados.

La teoría se desmontó de manera definitiva cuando conocí a personas con empleos muy poco atractivos pero con los que estaban plenamente comprometidos, como jardineros, camareros y personal de limpieza. Entonces empecé a darme cuenta de que el compromiso de los empleados con su trabajo era un tema mucho más profundo de lo que había supuesto. Tenía que descubrir de qué se trataba realmente para poner fin a la tragedia sin sentido de la amargura en el trabajo, para mí mismo y para los demás.

Y calificar este problema de «tragedia» no es una hipérbole.

Muchísimas personas sufren (sufren realmente) cada día al separarse de sus familias, de sus vidas, para dirigirse a un trabajo que las hace cada día más cínicas, más amargadas y más frustradas que el día anterior. Con el tiempo, este sordo dolor va minando la confianza en uno mismo, va matando la pasión incluso en la gente más fuerte, hasta que el problema llega a afectar a la pareja, a los hijos, a los amigos y a la familia de una forma tan sutil como profunda. De hecho, en algunos casos, el impacto de la tristeza laboral no es sutil en absoluto; puede conducir a depresiones severas, al uso de drogas y alcohol, e incluso a la violencia en el trabajo y en casa.

Más allá de la amargura humana provocada por este fenómeno, el impacto en la empresa es innegablemente brutal. Aunque sea difícil de cuantificar, el desapego de los empleados tiene un impacto directo en la productividad, la facturación y la moral, lo cual es capaz de hundir a cualquier compañía.

Lo más absurdo es que hay un remedio eficaz que no se aplica. No tiene coste alguno y proporciona beneficios inmediatos para los empleados, los gerentes y hasta los clientes, dotando a las empresas que lo implementan de unas ventajas competitivas únicas.

Pero voy a ser claro sobre un punto en concreto: el remedio que propondré en este libro va a parecer muy simple y obvio a primera vista. Lo tengo en cuenta, y debo reconocer que cuando lo presento me siento un poco incómodo. Pero cuando pienso en la cantidad de gerentes y directores que no consigue poner en práctica estas ideas, y cómo la gente sigue sufriendo amargura laboral, llego a la conclusión de que quizás la simplicidad y la obviedad es justo lo que se necesita. De hecho, estoy convencido de ello.

Como escribió Samuel Johnson en el siglo XVIII: «La gente necesita más que le recuerden las cosas que ser instruida». Espero sinceramente que este libro sea para los lectores un poderoso recordatorio que ayude a que el empleo de alguien (quizás el del propio lector) sea más atractivo y gratificante.

LA FÁBULA

CONMOCIÓN

Brian Bailey nunca lo vio venir.

Tras diecisiete años como director ejecutivo de JMJ Fitness Machines, no podía ni imaginarse que todo podría acabarse, sin previo aviso, en sólo diecinueve días. ¡Diecinueve días!

Pero se acabó. Y aunque su situación económica era mucho mejor de la que nunca tuvo en su vida, de repente se sintió tan perdido como cuando acabó la carrera.

Lo que no sabía era que las cosas iban a empeorar mucho antes de empezar a ir mejor.

PRIMERA PARTE

EL JEFE

BRIAN

Ya al inicio de su carrera, Brian Bailey llegó a una incontestable conclusión: le gustaba ser el jefe.

Cada aspecto de la dirección le parecía fascinante. Cuando estaba inmerso en temas de planificación estratégica y presupuestaria, o evaluando costes estimados, Brian sentía que había nacido para eso. Ha gozado de más y más éxito como jefe relativamente joven, tanto que ha llegado a la conclusión de que el hecho de no haber querido ir la universidad no lo hace menos cualificado que sus colegas de la *Business School*.

Como era el mayor de cinco hermanos y el único que se había independizado, Brian tenía cierto sentido de responsabilidad y nunca quiso sangrar los recursos de su familia. Incluso con los programas de becas que ofrecían en el St. Mary's College, habría sido una dura carga para los Bailey. Además, los intereses de Brian por la teología y la psicología no justificaban el tremendo gasto familiar.

Así, tras responder a una oferta de empleo de un periódico, Brian consiguió un puesto de encargado en la planta de envasado Del Monte y se pasó los siguientes dos años en una fábrica, asegurándose de que los tomates y las judías verdes y los cócteles de frutas se enlataran de la forma más eficiente posible. A Brian le gusta bromear con los empleados sobre lo mucho que le gustaría visitar una «granja de cócteles de frutas».

Como el huerto de árboles frutales de su padre iba viento en popa y las finanzas familiares mejoraron, Brian quiso tomar una decisión: podía volver a estudiar y licenciarse o seguir trabajando en la fábrica Del Monte, en la que iba directo a una promoción que, con suerte, le permitiría montar su propia fábrica algún día. Para disgusto de sus padres, no optó por ninguna de las dos opciones.

En efecto, Brian satisfizo su curiosidad y aceptó un empleo en la única fábrica de automóviles de la zona de la bahía de San Francisco. En los quince años que siguieron, fue ascendiendo felizmente en diferentes puestos de la planta, dedicando el mismo tiempo a la manufactura, las finanzas y las operaciones.

Fuera del trabajo, se casó con una chica con la que había salido unas cuantas veces en el instituto y que, de manera irónica, había entrado en el St. Mary's College cuando Brian dejó de estudiar. Se mudaron a un pequeño barrio en expansión que se llamaba Pleasenton y crearon una familia de dos niños y una niña pequeñita.

En ese momento, Brian tenía treinta y cinco años, era vicepresidente del departamento de manufacturas y trabajaba directamente para una dinámica jefa de operaciones llamada Kathryn Petersen.

Pocos años después de haberse incorporado a la empresa, Kathryn mostró un interés personal por Brian, por su modesta formación académica, su honradez en el trabajo y su deseo de aprender. Iba colocando a Brian en distintos cometidos de su departamento tanto tiempo como le era posible. Pero Kathryn sabía que no iba a poder hacer eso siempre.

LA RUPTURA

Cuando un cazatalentos, amigo de Kathryn, la llamó para ofrecerle que formara parte de la dirección ejecutiva de una fábrica relativamente pequeña de Central Valley, ésta declinó la oferta. Pero insistió en recomendar a su amigo Brian para el puesto.

Después de leer su CV (y de ver de inmediato que no poseía una licenciatura), el cazatalentos pensó que Brian no tendría ninguna oportunidad de ser contratado, pero por hacerle un favor a Kathryn, consintió en que fuera entrevistado. Se quedó de piedra cuando, un par de semanas más tarde, su cliente lo llamó para explicarle que Brian «había sido el mejor candidato con diferencia», y que lo habían contratado como director ejecutivo de JMJ Fitness Machines.

Lo que más impresionó a los responsables de JMJ durante la entrevista, y los continuaba impresionando en el día a día laboral, era la brillante habilidad de Brian para comunicarse con la gente y comprenderla, en cualquier segmento social. Parecía sentirse tan a gusto en el terreno de la manufactura propiamente dicho como en los despachos de mando, y demostraba una competencia incontestable y una llamativa humildad que era muy rara entre ejecutivos, incluso en el mundo de las fábricas.

En cuanto a Brian, parecía un niño el día de Reyes, agradecido por haber tenido semejante oportunidad y estar haciendo algo que tanto le gustaba. JMJ también se beneficiaría de esa bendición.

JMJ

Ubicada en Manteca, una pequeña ciudad dormitorio agrícola, a noventa y cinco kilómetros al este de San Francisco, JMJ era una compañía joven que había sobrevivido bien a su primera década de existencia. En realidad lo había conseguido gracias a una mano de obra barata y copiando a sus competidores más innovadores. Pero así habían conseguido sobrevivir sólo con muy modestos beneficios y manteniéndose entre los más pequeños de una industria relativamente fragmentada, obteniendo menos de un 4 % del mercado y una posición bastante baja.

Así que el fundador de la compañía, y hasta ese momento director ejecutivo, pensó que era el momento de salir de ese pozo, y buscó a un cazatalentos que, al final, encontró a Brian.

El primer año de trabajo de Brian no fue un camino de rosas, dado que JMJ se vio inmersa en un frívolo proceso legal que le hacía perder tiempo. De manera irónica, esta situación proporcionó a Brian la oportunidad de lucirse como líder y lo empujó a realizar algunos cambios estratégicos.

El siguiente par de años, Brian situó a JMJ en el mejor lugar posible. La hizo visible en todo el mundo, aumentó los objetivos de la empresa y los dirigió en exclusiva a clientes institucionales como hospitales, hoteles, escuelas, gimnasios y clubes deportivos.

Brian supo inyectar a la compañía el sentido de la innovación contratando a ingenieros creativos y fisiólogos de otras industrias. El resultado neto de ambos movimientos fue la inmediata subida de precios de los productos JMJ, unida al increíble aumento en la demanda de éstos.

Pero por muy importantes que fueran estos cambios, nada tuvo mayor impacto en el éxito a largo plazo de JMJ como lo que Brian consiguió hacer de puertas para adentro.

Como muchas otras fábricas de la zona, la compañía había estado sometida a pérdidas más o menos importantes, a una baja moral y a una productividad impredecible, para sobrevivir bajo la sutil pero constante amenaza de la absorción. Brian sabía que tenía que dar la vuelta a la tortilla para que las cosas mejorasen.

De modo que en los dos años siguientes Brian y su equipo trabajaron con ahínco para elevar el nivel de compromiso de los empleados y la moral general hasta límites impensables hasta la fecha, ayudando a que esa oscura empresa de Central Valley se forjara una buena reputación gracias al trabajo de los empleados, la satisfacción de los clientes y la consolidación de su posición. Como resultado, JMJ acabó ganando premios por ser «un fantástico lugar para trabajar» hasta entrar en la vitrina de los honores de su sector.

Cuando los periodistas preguntaban a Brian por su secreto por haber conseguido tales mejoras, él solía quitarse méritos y contestaba que tan sólo trataba a sus empleados como le gustaría que lo trataran a él. Lo cual era del todo cierto, porque Brian en realidad nunca desarrolló una metodología específica y planificada con anterioridad.

Al mismo tiempo que Brian quitaba importancia, públicamente, al cambio radical de su empresa, se iba enorgulleciendo en secreto por lo que había conseguido para los empleados, sobre todo en el caso de los menos privilegiados, que ahora estaban mucho más satisfechos y mejor pagados que cualquier colega en la misma zona. Más que cualquier logro, más que cualquier producto innovador conseguido por la compañía, las consecuciones con los empleados eran lo que, para Brian, daban sentido a su labor.

Y justo por ese motivo, la venta de la compañía fue tan dolorosa para él.

TEMBLORES

Desde el punto de vista financiero, JMJ era tan sólida como podía serlo una mediana empresa. Bajo el liderazgo de Brian, la firma estuvo quince años generando unos resultados sólidos, hasta el punto de llegar a ser la número tres (y en algunos momentos la dos) de su sector industrial. Sin lugar a dudas, se convirtió en una marca muy respetada, con las arcas repletas de beneficios, sin que nada pudiera hacer suponer que la compañía pudiera encontrarse en peligro.

Pero el peligro llegó.

Un artículo de dos párrafos en el *Wall Street Journal* anunciaba que Nike estaba planteándose entrar en el mercado de los equipos de entrenamiento. Para la mayoría de la gente se trataba de un artículo insignificante en el periódico. Pero para Brian iba a tener la repercusión de un terremoto.

La cadena de reacciones empezó en realidad dos días más tarde, cuando Nike anunció que tenía previsto adquirir FlexPro, el mayor competidor de JMJ. Antes, nadie sabía lo que realmente estaba pasando. Empresas que habían estado operando de manera independiente durante décadas, ahora se estaban posicionando para ser engullidas por famosas marcas que, justo ahora, se empezaban a interesar por el mercado de las equipaciones deportivas. Para Brian y sus quinientos cincuenta empleados, sólo era cuestión de tiempo.

CONSOLIDACIÓN

Unos pocos días después de haber leído el fatídico artículo del *Wall Street Journal*, Brian y su insensible junta directiva llegaron a la conclusión de que lo mejor era vender JMJ lo antes posible.

Por difícil que pareciera, negar la evidencia era algo que ni Brian ni la empresa podían contemplar. Después de todo, no querían ser la única compañía que siguiera en pie cuando la música dejara de sonar, quedándose con un montón de empleados y con todo el stock sin gratificación alguna tras tantos años de duro esfuerzo. Por eso Brian llamó a un amigo suyo de un banco de inversiones de San Francisco y le pidió ayuda para encontrar un comprador adecuado.

En realidad, Rick Simpson no era un amigo propiamente dicho, sino más bien un conocido. Los dos habían compartido piso de estudiantes en la época del St. Mary. Desde entonces se habían ido llamando muy de vez en cuando, por aquello de mantener el contacto, pero nada más.

Brian siempre había considerado a Rick un tipo brillante, con momentos divertidos, tanto como arrogante e insensible. Pero por alguna razón lo apreciaba. Como le explicó a su desconcertada esposa, Rick sabía calcular con absoluta exactitud cuándo empezaba a resultar repulsivo y conseguía hacer algo genuinamente compensatorio.

A pesar de sus rarezas, Rick había triunfado en su carrera y tenía la reputación de ser uno de los mejores banqueros inversores del país. De hecho, había llegado a ser una celebridad en su campo.

La primera respuesta que le dio a Brian fue la típica.

—Así que ya te has cansado de ese pueblucho de vacas ¿no?

Y aunque era toda una provocación, Brian no entró al trapo.

—Bueno, en realidad yo no vivo en este pueblo, vivo en la bahía. Así que el pueblo no me importa nada. Sin embargo, tengo que vender la compañía.

—¿Por qué?

—Pues porque no tengo otra elección. Nike acaba de comprar Flex-Pro y si intentamos competir con empresas de ese calibre, nos vamos a pique en dos días.

—Ya, claro. Recuerdo haber leído algo al respecto.

Se oía como si Rick estuviera removiendo papeles en su escritorio.

—Pero ¿no os estaréis precipitando un poco?

—Bueno, todo el mundo intenta salvar el culo y los más pequeños son los primeros en irse.

—Eso no te lo discuto –dijo Rick–. Así ¿me pides ayuda para encontrar un buen comprador?

—Sí. Pero alguien que vea nuestro negocio como un ajuste estratégico, que sea capaz de entender nuestro valor único.

—Ya... ¿Y cuál es exactamente vuestro valor?

No es que Rick fuera escéptico. Es que necesitaba saber el valor de venta de la compañía.

—Bien, nuestro valor en el mercado no es como para tirar cohetes. Algo así como el 20 %. Somos una empresa fuerte en el sector, somos la segunda o la tercera, según desde el punto de vista en que se mire.

Rick no contestaba nada, pero Brian escuchaba cómo escribía, así que continuó hablando.

—Tenemos balances sólidos, una marca reputada, fuertes proyecciones de ventas para los próximos años y unas cuantas patentes que no expirarán en dos años por lo menos.

—Suena bien. ¿El mercado está en crecimiento?

Brian no lo dudó ni un momento. Sabía de negocios como el que más.

—Se prevé el 9 % para el próximo año, aunque yo estoy seguro de que llegaremos al 12 %.

—Parece que has trabajado como un esclavo en este pueblucho de vacas.

Brian conocía lo bastante a Rick como para apreciar ese sarcástico cumplido.

—Lo hemos estado haciendo bien. En todo caso, hay una cosa más que creo que debería saber el hipotético comprador de la compañía. –Dudó un momento antes de seguir, para evitar burlas–. Tenemos el más alto nivel de satisfacción de empleados de nuestro sector industrial. De hecho, creo que somos los mejores de cualquier mercado. Nos han nombrado entre las quince primeras empresas que trabajan en América.

Rick no decía ni una palabra, y al final soltó:

—Vale, siendo así tendré que ajustar mi valoración de la compañía en un par de dólares más.

—¿Qué se supone que me quieres decir con eso?

—Estoy de pitorreo, hombre. Estoy seguro de que habéis trabajado muy duro para haber conseguido eso y lo voy a poner dentro del paquete. –Hizo una pausa–. Pero no te voy a engañar, no creo que eso le importe mucho al que lo vaya a comprar ni que pueda afectar en nada al precio de venta de la compañía.

—Bueno, pues debería.

Brian sabía que en ese momento estaba pareciendo arrogante y a la defensiva, pero no podía evitarlo.

Como de costumbre, Rick no tuvo pelos en la lengua y dijo lo que pensaba con franqueza:

—Mira, ésa no es mi guerra. Cuando miro una compañía lo único que quiero saber es su nivel de crecimiento en el mercado, cuánto mercado abarca y si está o no en expansión. No me preocupan las menucias y, en caso de que a alguien le preocupen, las reflejaré en la última fila, para que no se diga.

Nada podía fastidiar más a Brian a que se refiriesen a su más alta consecución como «menucias» y a punto estuvo de colgar el teléfono y buscar a otro profesional. Pero sabía que debía hacerlo todo en interés de la empresa, y en el rincón más oscuro y recóndito de su cerebro sabía que su cínico amigo tenía razón.

Respiró hondo y dijo:

—¿Sabes, Rick? A veces puedes ser un auténtico gilipollas.

Rick se echó a reír.

—Ya, bueno, pero me quieres. ¿O no, Brian? ¿Y sabes qué? Que voy a conseguir más dinero por tu compañía que cualquier otra persona.

Brian no contestaba, así que Rick siguió hablando, pero en un tono más conciliador.

—Mira, no quiero que te hagas una idea equivocada. Admitiré que he estado siguiendo tus andanzas en JMJ durante los últimos diez años. Así que tengo una idea bastante clara de lo que has hecho con ella. De hecho, hasta tengo una de tus máquinas en el sótano de casa.

Brian aceptaba en silencio las disculpas veladas de su amigo.

—Bien, hazme saber a finales de semana lo que crees que debemos hacer.

—Te llamaré el jueves. Haremos lo mejor para ti, chavalote.

Brian se despidió y colgó el teléfono, sorprendido de que Rick no cambiara nada con los años. Aun así, no conseguía tenerle manía.

DICHO Y HECHO

Cuando Rick llamó el jueves, Brian estaba expectante por ver qué progresos habría hecho. Después de todo, era uno de los mejores en el negocio. Lo que Brian no podía ni suponer es que Rick ya hubiera identificado a un comprador con el que habría tenido una reunión informal en la que habrían hablado de una primera aproximación al precio de venta, que superaba todas las expectativas.

La estrategia de Rick consistía en explotar «la ventaja del primer movimiento» en ambos lados de la mesa, y lo cierto es que jugó sus cartas de un modo magistral. Convenció al potencial comprador para que se moviera rápido antes de que surgieran nuevos compradores y subiera el precio de la compañía. Luego convenció a Brian para que moviera ficha antes de que otros competidores salieran al mercado y pudieran hacer que bajara el precio de la compañía, que se vería en medio de un mercado abierto.

De ese modo, tras una semana y media de llamadas, visitas y sesiones de negociación, Brian firmó los papeles que otorgaban el control de la compañía al mayor abastecedor de equipos médicos del país. Luego admitiría que no estaba preparado para las consecuencias de tal firma de documentos.

ARRANCAR LA TIRITA

El comprador de JMJ no era nuevo en el juego de la compra de compañías y su equipo directivo adoptó una estrategia extremadamente agresiva cuando llegó para integrarse. Su razonamiento consistía en que era preferible acelerar la transición con movimientos muy rápidos, incluso si con ello se provocaba alguna alteración, que alargar la agonía y tomar las riendas titubeando de miedo. «Esto es como arrancar una tirita de un tirón», explicó el nuevo director ejecutivo antes de que se hubiera secado la tinta del contrato.

En sus planes se contemplaba el inmediato cambio de nombre de la empresa, el cambio de absolutamente todo, desde la manera en que las recepcionistas contestaban al teléfono hasta el cartel que aparecía en el frontal del edificio. Los cambios también afectaban a los directivos, que debían ser expulsados de la empresa (sobre todo los que formaban parte de la dirección ejecutiva, claro) lo antes posible. El despido de Brian llegó a los siete días de haber firmado la venta de la compañía.

A lo largo de la siguiente semana, Brian experimentó un auténtico cataclismo emocional a base de despedidas tristes y celebraciones que marcaban un antes y un después para aquella empresa que un día fue independiente y humilde. Aunque apreciaba muchísimo las apabullantes expresiones de gratitud y afecto de los empleados, sobre todo de aquellos que habían pasado muchos años en la empresa y cuyas vidas habían cambiado de manera drástica en las últimas semanas, la experiencia le resultó tan emocionalmente agotadora y desgarradora que estaba deseando que todo se acabara de una vez.

Por último, un viernes lluvioso, cuando hasta los conserjes se habían ido a casa, Brian empaquetó sus cosas y dejó el edificio para siempre. Cerrando los ojos para impedir que rodaran las lágrimas, tomó su vehículo y comenzó a conducir sin dirección precisa, pensando en lo que sería del resto de su vida.

SEGUNDA PARTE

EL RETIRO

EL AÑO SABÁTICO

Leslie Bailey, la esposa de Brian desde hacía veintiocho años, le pidió que le prometiera que se irían de casa un par de semanas, de vacaciones, antes de asumir de manera definitiva la idea de la jubilación. Se fueron a un hotelito del Napa Valley.

Durante dos días y medio, consiguió que su marido no hablara sobre su incierto futuro, pero al final él sacó el tema. Sucedió mientras tomaban los postres en su restaurante italiano favorito.

Brian fue directo.

—Lo siento, Leslie, pero ya no puedo aguantar más.

—¿Más qué?

—Más sin hablar de trabajo. ¿Qué es lo que voy a hacer ahora?

Leslie se echó a reír.

—¡Vaya! Por un momento creí que te estaba dando un arrebato de pasión aquí mismo.

Brian respondió muy serio.

—Bueno, seguro que nos lo pasaríamos mejor. ¿Quieres que tomemos el automóvil y nos vayamos a un sitio escondido?

Leslie volvió a reír.

—Igual luego. Vamos a hablar de trabajo si tanto te inquieta.

—Perdóname, sé que éste debería ser un viaje sin trabajo. –Su mujer lo interrumpió.

—No pasa nada. Sé que estás en aprietos y que no desconectas aunque estemos aquí. Has aguantado todo lo que has podido. Suéltalo todo.

Durante las siguientes dos horas, hasta que los camareros los echaron educadamente del restaurante, la pareja estuvo hablando de la situación en la que había quedado Brian y de las opciones que tenía. Estaba muy preocupado. Se preguntaba si todos sus años de carrera profesional habían sido una pérdida de tiempo. Quizás debería volver a meterse de cabeza en otra empresa.

Al cabo de un rato, estaba claro que la pareja no estaba en la misma onda. Por momentos, la discusión se volvía emocional y era Leslie la que más emotiva se ponía.

—Escúchame, no me he quejado mucho en los últimos quince años. Pero son incontables las noches que volvías a casa a las tantas, siempre con asuntos de negocios, con viajes, con conferencias y con eternas llamadas desde casa, fuera del horario laboral. En general has sido un buen padre, pero te has perdido un montón de representaciones, de festivales y de partidos de fútbol.

Ese comentario parecía un dardo envenenado y Brian respondió con calma pero con notable frustración.

—Eso no lo veo tan claro. Me he partido el pecho para asistir a más eventos infantiles que la mayoría de los padres. No creo que me tenga que sentir culpable de eso en este momento.

Se calló de repente cuando vio que a su mujer se le saltaban las lágrimas.

—Pero ¿qué pasa?

Leslie se tomó un momento para recomponerse.

—Tienes razón, no tienes por qué sentirte mal. Siempre te las has ingeniado para estar ahí cuando tus hijos te han necesitado. –Brian sintió que se recuperaba el sentido común en la conversación, hasta que ella espetó–: Para ellos siempre estuviste, es para mí para quien no estabas nunca.

Y en ese momento estalló el llanto.

Ahora Brian se sentía fatal. Primero, porque a él siempre le había parecido que ella estaba bien, y segundo, porque nunca se había quejado hasta el momento. «¿Cuánto tiempo habrá estado sintiéndose sola?», se preguntaba Brian.

En ese momento prometió ser un mejor marido, estar más presente para su mujer. Después de veintiocho años de trabajo duro, Leslie se lo merecía.

Además, Brian no tenía ninguna excusa. Entre todo lo que había ganado todos esos años de trabajo y el dinero que había recibido tras la venta de la empresa, los Bailey tenían más dinero del que nunca habrían pensado que podrían tener. Sin deudas ni problemas, podían vivir una vida confortable y desahogada sin necesidad de trabajar más.

Y Leslie tampoco tenía necesidad alguna de trabajar. Tras veinte años haciendo de voluntaria a tiempo completo para la escuela y para la iglesia, ayudando a profesores hasta más de las siete de la tarde, estaba más que lista para tomarse un descanso. Tanto como su marido.

Con una hija en su último año de universidad y los chicos muy bien colocados en San Diego y en Seattle, los Bailey no tenían problemas ni restricciones serias.

—Muy bien –dijo Brian, tomándole las manos al otro lado de la mesa–. El próximo año podremos hacer lo que nos dé la gana. El reto será descubrir qué es lo que va a darnos la gana hacer.

FRENESÍ PENSANTE

En los días que siguieron, Brian y Leslie dieron largos paseos por los viñedos mientras pensaban en su retiro.

Tratando de no descartar ninguna idea de buenas a primeras, la pareja acabó desechando la opción de comprarse un barco o una autocaravana o un biplano. Aunque les gustaba bastante salir de casa y hacer sus escapadas, ninguno de los dos era aventurero, no eran de esa gente de espíritu nómada.

Al final, Leslie sugirió que podrían buscar una cabaña en el lago Tahoe, donde podrían pasar los inviernos esquiando y el resto del año yendo en barca y jugando al golf, actividades que les gustaban mucho antes de tener hijos. No tuvo que argumentar mucho para convencer a Brian. Él había estado deseando volver a esquiar desde hacía por lo menos cinco años, y la idea de salir en bote a pescar y jugar al golf era una proposición muy atractiva.

—¡Vamos a hacerlo! –dijo con una sonrisa en la cara–. ¿Quién necesita vivir en una carrera frenética?

Pronto descubriría Brian que la respuesta a su retórica pregunta era *yo.*

IMMERSIÓN

Las semanas siguientes llenaron a la pareja de energía, viajando arriba y abajo buscando casas, hasta que encontraron una pequeña pero moderna cabaña en la punta sur del lago Tahoe, entrados ya en Nevada. Dos semanas más tarde, como un mes después de la «conversación de Napa», se mudaron a la cabaña y se dedicaron a amueblar y a decorar su nueva propiedad.

Brian estaba más emocionado de lo que pensó que estaría, y le gustaba explicarle a sus hijos y amigos cómo era la nueva casa, sus vistas sobre las pistas del Heavenly Sky Resort y sobre la parte sur del lago. Incluso tenía canchas.

—Dependiendo del momento del año en que vengáis a vernos, podemos esquiar en las pistas, dar unos cuantos golpes en el campeonato de golf o ir al lago con sólo veinte minutos de paseo desde casa.

Cuando una temprana tormenta de nieve cayó sobre la zona, en el mes de noviembre, Brian y Leslie empezaron, emocionados, su estación de esquí completa. Lo malo es que fue breve y dolorosa.

BAJA POR LESIÓN

Brian estaba en mejor forma que la mayoría de gente de cincuenta y tres años, lo cual no era sorprendente en alguien que había llevado el timón de una compañía de fitness durante más de quince años. Pero por mucho tiempo que pases en una bici estática o en una elíptica, no es entrenamiento adecuado para una drástica y repentina inmersión en el esquí.

Tras tres días intensivos y consecutivos en las pistas, Brian creyó que estaba preparado para un gran descenso. Aunque es verdad que había recuperado del todo la forma física y su confianza esquiando, también era más mayor y estaba más cansado y atrofiado que en sus tiempos mozos.

Conforme descendía en su última carrera del cuarto día, se sorprendió al ver que no había ni un solo esquiador en la montaña, que estaba casi vacía. Así que decidió pasar un rato divertido gozando de esa extraña soledad. Se aventuró fuera de las pistas y se le ocurrió meterse en la zona helada de slalom que se usaba para las carreras locales.

Mientras iba descendiendo y estaba como a medio camino de la montaña, a Brian le empezaron a quemar las piernas, y se las vio y se las deseó para mantenerse de pie al tiempo que giraba sorteando los banderines. Además, se dio cuenta de que se había desviado en algún momento y pensó que lo mejor sería seguir montaña abajo. Pero teniendo en cuenta que, justo abajo, habría gente tomando chocolate calentito y observando su particular momento olímpico, Brian decidió ahorrarse el ridículo y se dirigió a otra parte.

Cuando se iba aproximando a la segunda bandera, se le desenganchó el esquí derecho, creando una reacción en cadena que lo desequilibró, seguida de patéticos intentos por recomponerse, todo ello aderezado con giros y movimientos poco favorecedores. Antes de darse realmente cuenta de lo que estaba pasando, Brian se encontró rodando de cabeza cuesta abajo, con un solo esquí, sin palos y con el par de gafas retorcidas en vertical por la cara.

Y lo más importante: la rodilla le ardía.

ENCLAUSTRAMIENTO FEBRIL

Cuando los médicos hubieron acabado con él, Brian dejó el hospital con muletas, sermoneado sobre la suerte que había tenido de no necesitar cirugía e ingreso. Pero cuando le dijeron que su lesión iba para semanas y que se acabaría la estación de nieve antes de que se curase, empezó a preocuparse de verdad.

No se trataba de que Brian echara de menos esquiar (que lo iba a echar de menos, sin duda) ni de que no tuviera nada más que hacer. De hecho, estar un tiempo inmovilizado no le parecía mal, sobre todo teniendo un montón de libros que había querido leer durante años, sin tener tiempo para hacerlo. Lo que le daba miedo es tener tanto tiempo libre porque eso favorecería que pensara sobre el problema del trabajo.

En las dos siguientes semanas, Brian hizo todo lo que estuvo en su mano por entretenerse y estar bien.

La presencia de Leslie era toda una salvación. La pareja podía pasar largos ratos charlando, viendo películas y estando juntos como no habían podido estar desde el nacimiento de su primer hijo.

Pero de repente Brian se encontró luchando con una especie de depresión. Al principio lo atribuyó a la falta de ejercicio físico. Aunque no era un triatleta, Brian estaba acostumbrado al ejercicio regular y, por primera vez en su vida, era incapaz de hacer esfuerzos o de moverse por sí solo.

A todo esto se añadía el clima. Las nevadas más fuertes de los últimos cincuenta años cayeron en ese momento, dejando al ex ejecutivo aislado en su flamante cabaña. En el curso de un período de cinco días, Brian no pudo salir de casa más de quince minutos seguidos.

Entonces llegó a la irónica conclusión de que su mayor problema era que necesitaba tener problemas. Necesitaba retos de negocios como agua de mayo.

Desde luego tenía claro que Leslie no iba a estar por la labor de jubilarse en la bahía de San Francisco, con toda la razón. Brian ni siquiera osaría planteárselo. Pero tenía que encontrar algo que hacer, algo serio y de verdad, o acabaría volviéndose loco como un prisionero en una mazmorra. A pesar de que su vecindario no se parecía en absoluto a un presidio, a Brian le gusta repetirle a Leslie que una cárcel es una cárcel aunque tenga televisión por satélite y vistas al lago Tahoe.

PERMISO

En su primer día sin muletas, milagrosamente, el cielo se empezó a despejar, así que Brian y Leslie aprovecharon para dar un largo paseo en automóvil. Cuando ya habían recorrido un buen trecho, decidieron comprar comida en el camino de regreso para cenar y, como de costumbre, Leslie ganó la batalla sobre qué encargar. Optó, para variar, por comida italiana, decisión que pronto lamentaría.

Se decidieron por el Gene & Joe's, un restaurante italiano a poca distancia de la autopista que les llevaba a su cabaña. Como Leslie había encargado el pedido por teléfono, al llegar ya tenía que estar preparado.

Lo cierto es que ni Brian ni Leslie habían estado físicamente en ese restaurante porque, en alguna ocasión, mientras Brian estaba inmovilizado, pedían pizzas o pasta por teléfono. Según parece, sólo abrían a última hora de la tarde y por la noche.

El edificio era de estuco blanco con un tejado de aspecto hispano, con racimos de uva pintados y banderas italianas adornando el exterior, y el conjunto bastante hortera, e incluso chabacano. Pero la comida estaba buena y, de todas formas, Brian y Leslie preferían restaurantes sin pretensiones con buenas cantidades de comida a los lugares pijos y sofisticados donde te quedas con hambre sistemáticamente.

Mientras estaban metiendo su 93 Explorer en el aparcamiento, se dieron cuenta de que había una ventana de comandas para llevar, cosa inaudita en un restaurante italiano. Así que decidieron probar.

Tras unos momentos esperando, Brian se dio cuenta de que no parecía que hubiera nadie para atenderles. Metiendo la cabeza por la ventana, vio que tampoco había nadie en el local. Brian y Leslie estuvieron de acuerdo en que igual era demasiado pronto para las cenas y que probablemente el local abriría más tarde, cuando se llenara de esquiadores hambrientos buscando cena de camino a sus casas.

—Esto me recuerda al primer trabajo de verano que tuve cuando estaba en el instituto. –La voz de Brian reflejaba una mezcla de nostalgia y pena al mismo tiempo.

—¿En Mr. Hamburger?

Brian la corrigió:

—Debería ser el Capitán Hamburger.

—Vaya antro.

—Pero nos lo montábamos como fuera para pasarlo bomba trabajando allí.

—¿No te robaron alguna vez?

—Dos veces. Por eso me fui y busqué trabajo en el cementerio y luego en una fábrica de patatas fritas. Puede que suene mal pero fue salir de Guatemala para entrar en Guatepeor.

Leslie reía entre dientes. Brian siguió comentando:

—Fue un verano miserable que se me hizo eterno.

—Ya, pero acabó siendo lo mejor que te pudo pasar.

Brian puso cara de extrañeza y su mujer se explicó.

—Te llevó a aceptar ese empleo de camarero en Carrows, que sin duda fue el mejor trabajo que has hecho en toda tu vida porque allí fue donde me conociste.

Brian se quedó pensativo y dijo:

—No, no: estoy seguro de que mi mejor trabajo fue el Capitán Hamburger.

Leslie le dio un puñetazo en el brazo mientras reía y, repentinamente, su viaje al pasado se vio interrumpido por alguien que apareció en la ventanilla de pedidos.

A Brian le sorprendió ver que no salía un chaval jovencito, sino un hombre de mediana edad, pasados los cuarenta. Tenía su alianza de casado en el dedo, un tatuaje en el brazo y vestía una camiseta con un dibujo que mostraba dos calvos sonrientes, que Brian supuso que debían ser Gene y Joe. Con letras de color gris y rojo, se leía «Pizza y Pasta. Aquí. Allá. En todas partes».

«¿Qué narices hace un cuarentón casado trabajando en un antro como este?», se preguntaba Brian.

—¿Puedo ayudarles? –preguntó el hombre sin emoción.

—Sí, les hemos llamado para hacer un pedido. A nombre de Leslie.

Sin decir ni una palabra, el hombre se metió para dentro y volvió a aparecer unos minutos más tarde con una bolsa y una caja de pizza.

—Serán quince con ochenta.

Después de tomar la bolsa a través de la ventanilla, Brian pagó con un billete de veinte dólares y añadió:

—Quédese con el cambio.

—Gracias –dijo el tipo sin mucho agradecimiento.

Cuatro minutos más tarde, la pareja recién jubilada llegó a su cabaña y empezó a sacar la comida de la bolsa. Leslie soltó un bufido.

—¡Caray! ¡Otra vez se han olvidado de mi ensalada!

—Ya voy yo a buscártela –contestó Brian suspirando.

—Déjalo, tampoco es ninguna maravilla –repuso Leslie poco convencida.

—No, de ningún modo, es la segunda vez que se les olvida. Voy a tardar diez minutos.

TRAYECTO

Cuando Brian llegó al restaurante, decidió salir del automóvil y meterse dentro del local.

Salvo una mesa con dos clientes mayores, en una esquina, cenando muy temprano, el comedor estaba desierto. Brian se dirigió a la barra para esperar a que saliera alguien a atenderle. No salía nadie.

Un vistazo más allá de la barra bastaba para darse cuenta de que el Gene & Joe era un sitio tan aburrido como solitario. La caja registradora debía tener por lo menos veinticinco años. La moqueta estaba desgastada en las zonas más transitadas y deshilachada en los bordes. En la misma barra había un cartel cutre, escrito a mano, donde ponía «Se necesita personal: cocinero, repartidor a domicilio y «jerente» de fines de semana». Brian sonrió por la falta de ortografía.

Lo que un día debió de ser un encantador restaurantito ahora sobrevive a duras penas, pensó Brian, y lo consigue gracias a que está tan cerca de la autopista.

Finalmente, apareció un joven empleado hispano.

—¿En qué puedo ayudarle? –preguntó en un tono tan entusiasta como el tipo que le había entregado el pedido.

—Hemos encargado comida para llevar y parece que se han olvidado de una ensalada.

Sin decir nada, pero moviendo la cabeza como pidiendo disculpas, el chico se dio la vuelta y gritó: «¡Carl!».

Al momento salió el hombre que le había entregado el pedido por la ventana.

—A este hombre le falta una ensalada –dijo el chico hispano.

Sin decir nada, Carl desapareció brevemente y luego volvió preguntando:

—¿Era para Sharon?

—No, era para Leslie. Hemos estado aquí hace unos veinte minutos –explicó Brian con paciencia.

El empleado masculló palabras apenas audibles que sonaron a «Volvamos a mirar» y desapareció.

En ese momento, se abrió la puerta de entrada y Brian se dio la vuelta. Vio a un hombre vagamente familiar que entraba en el restaurante.

Cuando regresó el empleado, estaba asombrado:

—No encuentro ninguna comanda a nombre de Leslie. ¿Está seguro de…?

Antes de que continuara, Brian lo interrumpió con un tono de sarcasmo impaciente.

—Sí que estoy seguro. No he venido hasta aquí para intentar estafarle una ensalada ¿comprende? Ésta es la segunda vez que nos pasa.

En ese momento, el hombre que acababa de entrar interrumpió la conversación:

—Deje que me encargue yo mismo de usted, señor.

Brian se dio la vuelta, confundido, para ver quién le estaba hablando y, antes de que le diera tiempo a decir esta boca es mía, el hombre se presentó.

—Soy el propietario de este sitio.

Después, dirigiéndose al empleado, repuso:

—Carl, ve a preparar una ensalada inmediatamente y trae un cupón para una pizza gratis.

Tendiéndole la mano para estrechársela, el hombre mayor le dijo a Brian:

—Lo siento, caballero. Apenas tenemos personal en este momento.

Brian calculó que la edad del dueño era de unos sesenta y cinco, aunque el cálculo era complicado porque tenía la piel muy morena y arrugada, como si tomara mucho el sol y tuviera el cutis estropeado. Entonces se preguntó por qué esa cara le resultaba familiar, hasta que cayó en la cuenta de que era una versión envejecida de uno de los dos tipos calvos que aparecía en las camisetas.

—Usted debe ser Gene o Joe, ¿no?

—Soy Joe –contestó el dueño.

Por alguna razón, Brian preguntó de sopetón:

—¿Y dónde está Gene?

—En algún lugar de Florida, creo. Dejó la sociedad hace nueve años, pero yo decidí mantener el nombre. Así que ya ha tenido problemas con las ensaladas en otra ocasión, ¿eh?

—Sí, una vez. Pero seguro que fue culpa nuestra –repuso Brian dubitativo porque no quería buscar problemas a los empleados ni criticar el negocio.

—No –dijo Joe–. Suele ser culpa nuestra.

A Brian le supo mal. Pensó que estaría bien iniciar una pequeña conversación.

—¿Cuánto tiempo hace que tiene este negocio, Joe?

—Treinta y dos años hará en febrero. Solía funcionar bien en los setenta –parecía incómodo con el estado de su restaurante–, pero con la proliferación de casinos nos tuvimos que adaptar. Ya no hacemos almuerzos, sólo cenas. Y ahora tenemos una clientela menos formal. Esquiadores, ciclistas, senderistas, ya sabe.

Brian asentía con la cabeza.

En ese momento salió Carl por detrás de la barra.

—Aquí la tiene. Perdone por el error.

Esta vez tenía un tono servicial y suave que Brian atribuyó a la presencia del jefe.

—Gracias –contestó Brian dirigiéndose tanto a Carl como a Joe–. Estoy seguro de que nos volveremos a ver.

—Eso espero. Y la próxima le daremos bien el pedido –dijo Joe sonriendo.

—Ningún problema.

Brian le chocó la mano y se fue.

Durante el corto camino a casa, no podía dejar de pensar en el restaurante y en cómo debía ser para Joe, Carl o cualquier otro empleado, con ánimo indiferente, como los que allí había.

«¿Qué es lo que empuja a esta gente a levantarse de la cama cada día?».

UNA COPITA NADA MÁS...

Esa noche, pero más tarde, Brian salió para comprar provisiones. Ahora que ya no usaba muletas, cualquier excusa le parecía buena para salir a hacer recados.

Cuando ya se iba del supermercado, sus ojos se dirigieron a la portada del *Wall Street Journal*, en el estante de los periódicos. Tras leer los titulares, decidió comprar un ejemplar para leérselo en casa, aun sabiendo que estaba jugando con fuego. Sabía que a Leslie no le iba a hacer ninguna gracia verlo caer en lo que ella denominaba «adicción a los negocios».

Antes de llegar a la caja, Brian se encontró, misteriosamente, apilando ejemplares de *Business Week, Fortune* y *Fast Company* en su montón de literatura prohibida.

Cuando iba para la cabaña, colocó las revistas en el fondo de la compra para que Leslie no las viera. Cuando su mujer se fue a la cama, Brian tomó sus publicaciones secretas y se sentó en su sillón favorito para satisfacer el hambre de noticias sobre el mundo de los negocios.

En menos de media hora, con el *Journal* en la mano, Brian estaba a punto de dejarlo e irse a la cama, decepcionado con su comportamiento infantil que no le había proporcionado más que un momento de emoción, cuando lo compraba. Entonces, sus ojos se posaron en un breve artículo de la tercera página, en la sección de mercados. El titular rezaba: «FlexPro de Nike recortando personal y productos».

Brian devoró el artículo, en el que se detallaba la decisión de Nike de despedir a más de cincuenta personas de la empresa que acababa de adquirir, además de eliminar casi la mitad de los productos que siempre habían manufacturado. Al final del artículo, se mencionaba de pasada que otros competidores de FlexPro se planteaban «movimientos similares».

Aunque no se mencionaba de manera específica JMJ, Brian sabía que se referían a ella cuando hablaban de competidores.

Sabiendo que no podría pegar ojo y que, además, había violado el acuerdo que tenía con su mujer, Brian se puso con el ordenador. Dejando a un lado su sentimiento de culpabilidad, se metió de cabeza en la web de su antigua compañía, donde pudo ver las ventas, lo que estaba haciendo el departamento de marketing y se enteró de que habían desmantelado las oficinas de Manteca para trasladarlas a la central de Chicago.

Brian se subía por las paredes.

Le envió un correo electrónico incendiario a Rick explicándole que esas decisiones violaban por completo el espíritu del acuerdo que él personalmente había hecho con la compañía. Mandó mensajes a los dos miembros de la antigua ejecutiva para decirles lo molesto que estaba con lo que estaba pasando.

Con toda la adrenalina corriéndole por las venas, Brian rompió los periódicos con aire de venganza, destruyendo todo lo que tuviera que ver con los negocios. Aunque sólo hacía unas ocho semanas que estaba retirado, le parecían años.

Al final, Brian se quedó dormido en su butaca a las cuatro de la mañana, con los periódicos rotos por el suelo, a su alrededor. Cuando Leslie se levantó, unas horas más tarde, lo descubrió allá, como un borracho rodeado de papeles, en vez de botellas.

Entonces sonó el teléfono. Antes de que Brian pudiera preguntar qué pasaba, Leslie le acercaba el inalámbrico.

—Es Rick Simpson.

Leslie no necesitaba decir nada más. La cara que puso le indicó a Brian cómo se sentía en ese momento.

FUERA DE JUEGO

Rick llamaba por el correo que Brian le había enviado la noche anterior.

—¡Hola tío! ¿Cómo va el retiro?

Brian no elaboró mucho la respuesta.

—Bien, gracias. Espero que leyeras mi correo electrónico. –No era una pregunta.

—Sí. ¿Qué hacías levantado casi a las cinco de la mañana?

—Rick, ¿qué coño está pasando? ¿No se supone que no tenían que irse de Manteca? ¡Era parte del acuerdo!

—Bueno, eso no es totalmente cierto. Ellos dijeron que no tenían intención de mover la planta ni los trabajadores. Pero lo de las oficinas es normal en toda venta y lo sabes.

—Sí, pero yo le dije a la gente que no tendrían que preocuparse por sus puestos de trabajo.

Rick sospechaba que el humor de Brian no tenía tanto que ver con la transición normal del trabajo a la jubilación, sino con los acontecimientos que estaban sucediendo en JMJ. Así que quiso ser amable y paciente.

—Mira, Brian, todo el que se vea afectado por alguna regularización se lleva un buen pellizco a su casa. Eso era parte del trato, en el que tuviste mucho que ver e hiciste un gran trabajo en las negociaciones. Y en comparación con lo que Nike está haciendo con FlexPro, es realmente una maravilla.

Brian se quedó sin palabras por un momento. Rick siguió hablando:

—Sé lo unido que te sientes a esa empresa, pero conseguiste el mejor acuerdo posible para JMJ, y ahora es tiempo de olvidarse del tema, amigo mío.

—Quizás. –Brian suspiró profundamente tratando de convencerse de que Rick tenía razón–. Lo que pasa es que veo años de confianza y lealtad irse por el retrete. No van a comprender que ellos tengan que pagar ese precio por un acuerdo entre empresas. Te dije que quería encontrar un comprador que entendiese nuestra manera de trabajar. Seguramente podríamos haberlo hecho mejor.

Rick podría haberse callado, pero, como de costumbre, no pudo tener la boca cerrada desaprovechando una oportunidad de polémica, en especial cuando se estaban cuestionando sus capacidades profesionales.

—No. Ellos han comprado una fábrica, una marca, unas cuantas patentes y una lista de clientes. Y todo eso sigue existiendo. Y créeme: nadie hubiera pagado más de lo que pagaron ellos porque esas pamplinas no hacen ganar dinero.

Ahora Brian estaba realmente metido de lleno en el tema, incluso enfadado.

—No lo entiendes ¿no? El compromiso al que llegamos con los empleados tiene más que ver con los beneficios que cualquier otra cosa. ¿Las patentes? ¿Los productos? ¿La marca? ¡Joder, todo eso es resultado directo de una panda de gente que estaba contenta con su trabajo!

—Que no –dijo Rick condescendiente–. Esa gente amaba su trabajo porque con él ganaba un buen dinero. Y ganaba buenos sueldos porque tú colocabas buenos productos en el mercado adecuado y en el momento más oportuno. Y el resto de pamplinas, a toro pasado, son mierda pura.

Por un momento pensó en colgarle el teléfono a Rick. Por suerte, el bip-bip de otra llamada entrante le dio una razón para cortar la conversación de una manera más civilizada.

—Me llaman por la otra línea. Tengo que dejarte.

Antes de que a Rick le diera tiempo a contestar, Brian cortó la comunicación para atender la otra llamada.

Era Rob, su antiguo jefe de marketing. Lo llamaba para agradecerle su correo y para asegurarle de que no se sintió mal por tener que cambiar de trabajo tan inesperadamente.

—Sabíamos que eso iba a pasar tarde o temprano. Caray, si un montón de gente se tuvo que ir y, como yo, ahora tiene otros trabajos. Además, con las indemnizaciones que negociaste para nosotros, hoy estoy feliz con todo. Las cosas ya no eran como solían ser.

Brian se sentía aliviado al tiempo que triste.

—¿Qué tal los colegas de la fábrica?

—En la fábrica propiamente dicha todo siguió igual, así que están bien. A ver, es evidente que las cosas no han sido precisamente divertidas. Algunos querrán irse porque las cosas no son como antes, pero sus trabajos son bastante seguros. Incluso algunos hablan de expansión.

Cuando acabaron la conversación, Brian se tomó el desayuno con Leslie y le confesó los sórdidos detalles de su atracón de negocios de la noche anterior. Ella le aconsejó que volviera a llamar a Rick y arreglara las cosas para quedar con él en buenos términos.

Como de costumbre, Rick se mostró jovial y nada afectado por la conversación anterior, cuando no pasota directamente. Tras aceptar las disculpas de Brian, le hizo una sugerencia.

—¿Sabes qué? Deberías hacerte consejero o asesor o alguna cosa así.

—¿Por qué dices eso? –preguntó Brian confundido.

—Pues no sé. A ti te interesa mucho el bienestar de los trabajadores. Por eso creo que te gustaría un trabajo de ese tipo. Algo en lo que no importen tanto los números como las personas.

Aunque Rick estaba intentando ser amable, Brian se iba sintiendo cada vez más frustrado. Respiró hondo.

—Rick, ¿crees que hice bien marchándome de JMJ?

Rick quiso echarse para atrás.

—Pues claro, hombre, si yo lo digo, más que nada, porque tu pasión por la gente sería mucho más valorada en otro tipo de trabajo. Sólo eso.

Brian se forzaba a sí mismo para calmarse. Empezó a hablar despacio.

—Vale Rick. Voy a explicarme otra vez. Mi interés por la gente es la razón por la que me gustaba ser director ejecutivo. Y justo por eso era un buen director ejecutivo.

Durante unos buenos cinco segundos, hubo un silencio complicado en la línea.

Rick, por último, habló, pero con poca convicción.

—Quizá tengas razón, Brian. Quizá me equivoco yo. Quién sabe. Igual de aquí a dos años veremos hundirse a JMJ porque sus empleados han dejado de ser felices consigo mismos y con sus puestos de trabajo.

—Pero tú no crees que eso pueda pasar, ¿verdad? –preguntó Brian sonriendo amargamente.

—No, no lo creo, pero ya sabes que a veces puedo ser un auténtico capullo –repuso Rick riéndose entre dientes y en tono un poco avergonzado.

Brian se echó a reír lamentando otra vez su diatriba y agradeciendo a su amigo que perdiera su precioso tiempo en ayudarlo a superar su frustración de ejecutivo jubilado.

Cuando colgó, Brian tuvo la extraña sensación de que estaba obligado a demostrar a su antiguo compañero de piso que estaba equivocado. No podía ni imaginarse cómo iba a poder hacerlo ni lo que los meses siguientes le tenían reservado.

FIUIR

El día siguiente, Brian aseguró a su mujer que mantenía su compromiso de retirarse de los negocios. Luego se fue a ver al médico.

Su pierna no se estaba curando como debía y tendría que renunciar al ejercicio físico durante unas seis semanas más. Así que nada de esquiar ni senderismo, ni siquiera bici estática. Por lo menos no tenía que usar muletas, aunque la única actividad que tenía permitida era caminar.

Junto con la frustración, Brian empezó a sentir como si tuviera un brote de locura.

Hasta que pasó. Un día, mientras Leslie estaba fuera comprando, Brian hizo una llamada que iba a cambiar su vida, y la de toda la familia, de una forma que nadie podría haber imaginado.

ENCARGARSE

Una voz juvenil que Brian no pudo reconocer contestó al teléfono.

—Gene & Joe, dígame.

—¿Está Joe?

—No, hoy no lo he visto. Supongo que vendrá el próximo lunes, pero puede intentarlo mañana, por si se acerca.

—Bien, pero ¿no hay algún teléfono donde pueda localizarlo?

—Ah sí, claro. Déjeme mirar. Aquí está. –Le dio el número–. ¿Hay algo que pueda hacer por usted, caballero? ¿Algo para comer, quizás?

Brian se sorprendió del tono amable e informal que usaba su interlocutor.

—No gracias. ¿Eres nuevo en el restaurante?

—Sí, es mi primer día. ¿Cómo lo sabe?

—Porque no te recuerdo, eso es todo. En fin, gracias por la información.

Luego Brian llamó a Joe y le dejó un mensaje.

Más tarde, por la noche, mientras Brian y Leslie estaban viendo *Qué bello es vivir* por enésima vez en sus veintiocho años de casados, sonó el teléfono. Leslie, que tenía ahora más movilidad que su marido, contestó.

—Sí, sí. ¿Me puede decir quién le llama? Vale.

Con cara de no entender nada, Leslie dijo:

—Es un tipo que se llama Joe Colombano y que te «devuelve la llamada».

Brian intentó reaccionar despreocupadamente para que no pareciera que tenía ningún interés en el tal Joe Colombano, ni parecer sorprendido por su llamada. Sólo contestó «Vale».

—¿Quién es Joe Colombano? –preguntó Leslie.

Brian no quería contarle mentiras a su mujer, pero no estaba preparado para explicarle la historia entera.

—Es un tipo muy majo que conocí en el restaurante italiano. Creo que puedo ayudarlo con un problema que tiene.

Tomó el teléfono y se dirigió hacia uno de los dormitorios. Leslie sonrió como pensando «me parece bien que hagas amigos» y le preguntó:

—¿Paro la película?

—No, no, voy a estar sólo un minuto. Total, ya sé lo que va a pasar...

Ella volvió a sonreír y siguió viendo la película.

EL ENCUENTRO

A las nueve de la mañana del día siguiente, Brian se puso un pantalón caqui y un jersey bonito y condujo hasta Gene & Joe. Sólo había un vehículo en el aparcamiento, una vieja pickup Toyota con un remolque detrás y una pegatina en el parachoques que ponía «Keep Tahoe Blue».

Mientras entraba por la puerta principal, Brian vio a Joe sentado en una mesa, mirando lo que parecían facturas y tomándose un café.

—¿Perdone?

El hombre se dio la vuelta, sorprendido por quien había entrado por la puerta.

—Hola. Usted es el hombre que vino reclamando la ensalada, ¿no?

Brian asintió con la cabeza.

—Y ¿qué puedo hacer por usted? Lo siento mucho, pero el local está cerrado ahora.

Brian lo interrumpió con educación.

—Soy Brian Bailey. Hablamos por teléfono ayer por la noche.

—¿Ése era usted? –preguntó Joe asombrado.

—Pues sí, soy yo.

—Vaya… Supongo que esperaba algo o alguien diferente.

Mientras recogía los papeles de la mesa, el hombre ofreció asiento a Brian:

—Siéntese, Brian.

Brian sacó su currículo de una carpeta y se lo entregó a Joe, quien, tras leer unos segundos con cara de estupefacción, se echó a reír.

—Pero ¿qué cachondeo es éste? ¿Qué quiere usted de mí, señor Bailey?

—No es ningún cachondeo, Joe. Estoy aquí para solicitar el puesto de gerente de fines de semana.

Joe siguió leyendo el currículo y preguntó:

—¿Todo lo que dice aquí es verdad?

Brian asintió con la cara muy seria.

—Vale, muy bien. Entonces tengo que hacer una pregunta: ¿por qué querría trabajar aquí?

Antes de que a Brian le diera tiempo a contestar, Joe continuó, como si ya tuviera una idea de cuál podría ser la respuesta.

—¿Acaba de salir de prisión? ¿Está en rehabilitación?

Brian negaba con la cabeza sonriendo.

—No, hombre. Sólo me estoy recuperando de un accidente de esquí e intentando disfrutar de mi jubilación.

—¿Y cómo encaja un gerente de fin de semana para el Gene & Joe en los planes de un «director ejecutivo» retirado? –Joe pronunció «director ejecutivo» por sílabas, como quien está muy impresionado y no está acostumbrado a pronunciar esas palabras.

—Lo cierto es que no encaja para nada. Es sólo que me apetece hacerlo.

Joe volvió a mirar el currículo mientras consideraba la extraña situación y empezó a sacudir la cabeza:

—No, lo siento. Esto tiene que ser una broma de mal gusto. –Y le lanzó el currículo en la mesa.

Brian no tomó el CV, por eso Joe continuó un tanto indignado, pero sin perder el tono amigable.

—¿Espera que me crea que el que un día fue un «súper ejecutivo» quiera ponerse a trabajar aquí por nueve dólares la hora? Perdone pero yo no soy idiota.

—No sólo lo espero, sino que no puedo ni imaginarme que me rechace. Dudo mucho que tenga un candidato mejor para este puesto ahora mismo.

—No es verdad. Lo que pasa exactamente es que no tengo ningún otro candidato, ni mejor ni peor. Pero sigo sin querer contratarlo.

—¿Por qué no?

—En primer lugar porque no le creo. En segundo lugar, porque aunque estuviera hablando en serio, dimitiría al menos veinte veces en veinticuatro horas.

Ahora Brian se estaba empezando a divertir con la entrevista de trabajo más rara que había visto.

—¿Qué tengo que hacer para convencerle de que hablo en serio?

Joe se lo pensó.

—No lo sé. –Miró alrededor del silencioso restaurante como quien está pensando una respuesta–. Dígamelo usted.

Brian sonrió y le dijo:

—Muy bien. ¿Qué le parece si trabajo una semana sin salario alguno? Si sigo queriendo trabajar aquí al cabo de una semana, podrá pagarme lo que considere oportuno. Si me voy, no me paga nada y adiós muy buenas.

Tras unos instantes, Joe negó con la cabeza.

—¡Venga ya, hombre! –Volvió a mirar el currículo–. Pero Brian ¿qué pasa con usted? ¡Nada de esto tiene sentido!

Entonces Brian se puso serio.

—Tiene razón, Joe. Esto no tiene sentido… Aparentemente. Para mí, sí tiene un sentido. Y además necesito hacer algo. Si no me da el trabajo, iré a buscar otro empleo en otro sitio donde necesiten gente. Seguro que hay alguien que estará encantado de tenerme en su plantilla.

Al ver que Joe valoraba este punto, siguió con su discurso.

—Y si no hago un buen trabajo, me despide y punto. Pero si hago un buen trabajo, entonces espero ser recompensado.

En los siguientes veinte minutos, los dos hombres le daban vueltas al asunto una y otra vez, con Brian bromeando acerca de demandar al Gene & Joe por discriminar a un pobre hombre con la rodilla lesionada.

Joe se la pasó acusando a Brian de tener todos los motivos ocultos del mundo, como ser un agente secreto antidrogas, un actor de la cámara oculta, etc.

Aunque no estaba siendo fácil, Brian consiguió doblegar la voluntad de Joe, aunque a un precio inesperado.

Con toda la ironía del mundo, Joe respiró hondo y dijo con total franqueza:

—Bueno, no suelo dar oportunidades a tipos que no han acabado la carrera.

Brian se echó a reír mientras su nuevo jefe le tendía la mano.

—Supongo que voy a hacer una excepción. Bienvenido al Gene & Joe. Puede empezar el jueves por la noche.

Brian le daba la mano como si Joe le estuviera ofreciendo el primer empleo de su vida, y se fue del local con esa extraña sensación de victoria que tantas veces había experimentado antes. Pero todo resto de entusiasmo y felicidad desapareció de su mente cuando pensó que tenía que ir a casa y contárselo todo a su mujer.

COMPROBACIÓN PRELIMINAR

Leslie estaba al teléfono cuando Brian llegó a casa. Tan pronto como vio entrar a su marido, cortó la conversación.

—Sí, justo está entrando ahora. Lo saludaré de tu parte. Te dejo. Adiós cariño, te quiero.

Leslie colgó y recibió a su marido entusiasmada.

—Era Lynne, y tiene grandes noticias.

—¿No ha querido hablar conmigo?

—Tenía que entrar en clase. Pero volverá a llamar esta noche. En fin, hoy ha tenido otra entrevista con Hilton, y le ha ido bien. Cree que le van a hacer una oferta.

—¡Qué bien!

Normalmente, Brian habría reaccionado con más emoción con esa noticia, pero la conversación que tenía pendiente eliminaba toda excitación posible.

—¡Y adivina qué sitios tiene para escoger! –Sin darle tiempo a adivinar nada, siguió–: Portland, San Antonio… ¡y el sur del lago Tahoe!

—¿Estás de broma?

—No. ¿A que es increíble?

Brian pensaba en la posibilidad de posponer la conversación que planeaba tener con su mujer, pero pensó que igual sería positivo aprovechar el buen humor de Leslie.

—Eso sería fantástico.

Leslie conocía a su marido tan bien que notó de inmediato la falta de emoción real que cabría esperar.

—¿Cuál es el problema?

—No hay problema. Lo que pasa es que yo también tengo noticias.

Leslie parecía deseosa por saber.

—Acaban de darme trabajo en el Gene & Joe, el restaurante italiano.

Leslie asintió con la cabeza.

—Voy a empezar a ayudarlos con el local –dijo Brian mirando al suelo–.

Leslie no parecía ni contenta ni triste.

—Muy bien. ¿Y qué vas a hacer allí exactamente? ¿Marketing o algo así?

—No, no exactamente. Voy a ejercer ciertas tareas de gerencia para Joe.

—¿Y eso qué significa? –Leslie no podía ni imaginarse lo que iba a hacer su marido–. ¿Asesorarlo?

—No. Voy a llevar el restaurante tres noches por semana.

Brian nunca olvidará la cara que puso su mujer. En cuestión de nanosegundos, sus ojos pasaron del interés a la confusión y, finalmente, al estupor.

—¿Estás hablando en serio? –Sabía que estaba hablando en serio, pero tuvo que preguntárselo igualmente.

Brian asintió con la cabeza, como un niño de doce años admitiendo que había hecho pellas en el cole.

Con una mezcla de consternación y piedad en la voz, Leslie siguió hablando.

—¿Por qué? Pero ¿por qué? ¿Qué estás haciendo, cariño?

—Es complicado, Leslie.

—¿Crees que no voy a ser capaz de entenderlo?

—No, no, es que creo que yo no voy a ser capaz de explicarlo.

—¿Es porque te aburres conmigo? Que sepas que eso me hace bastante daño.

Brian puso una cara de incredulidad máxima.

—¡No, no es eso! Me gusta pasar tiempo contigo. Es sólo que… no sé… Necesito hacer *algo*. Tener alguna responsabilidad. ¿Es que no te imaginas lo largo que se me ha hecho vivir mi vida sin tener que resolver ningún problema? Vamos, que soy incapaz de vivir así.

—Ah, claro, ¿y por eso te conviertes en empleado de un *fast-food*?

—No. Técnicamente no.

Leslie estaba desconcertada.

—Ahora soy propietario, en parte, del negocio.

La mujer se quedó boquiabierta.

DEFENSA

—¿Qué? ¿Pero por qué...? –No pudo acabar la pregunta.

Brian empezó a reír, pero con cierta culpabilidad, casi con miedo.

—¡Porque ha sido la única forma de convencerlo para que me contrate! Pero sólo soy un socio minoritario, sólo he puesto doce mil dólares. Pero creo que, si hago un buen trabajo, los convertiré en trece o catorce mil.

Leslie seguía sin verle la gracia.

—¡Pues no lo entiendo, de verdad que no lo entiendo! ¿No podías haber trabajado para la caridad? ¿Hacerte voluntario en la iglesia? ¡O hacerte misionero en África! Es que no lo pillo. ¿Por qué eso en concreto?

—Ya sé que parece raro.

Leslie lo interrumpió.

—No, no parece raro. *Es* raro.

Brian miraba al suelo en silencio mientras su mujer esperaba explicaciones. Cuando la miró a los ojos, ella vio que parecía herido. Lo escuchaba con atención.

—Sé que ahora mismo parece que no tiene sentido, Les. Y sí, he pensado en ser voluntario en la iglesia o en trabajar gratis para la caridad.

Leslie volvió a saltar de inmediato.

—Eso sería fantástico ¿por qué no hacerlo?

Entonces Brian se puso un poco más intenso.

—Porque eso no es lo que yo sé hacer. Yo no sé envolver paquetes ni hacer buñuelos. Yo soy un director de empresa, Les. Ése es mi trabajo, mi habilidad. Aunque parezca cursi es la pura verdad. Hay gente con talento natural para pintar cuadros o para tocar el piano o para escribir poemas. Lo mío es la dirección de empresas.

Leslie consideró las palabras de su marido y dejó que continuase.

—Creo firmemente que la mejor manera que tengo para ayudar a los demás es dirigirlos. Yo no construyo casas ni diseño acueductos. Yo sólo sé ayudar a la gente en su trabajo.

Leslie sabía que su marido estaba siendo sincero y que lo que estaba diciendo tenía sentido, pero seguía desconcertada.

—Vale, pero lo que no entiendo es por qué un estúpido restaurante italiano. ¿Por qué no un negocio como Dios manda?

—Porque está tres calles más abajo y sólo tengo que ir tres veces por semana. No tendremos que mudarnos ni volver a San Francisco ni hacer nada de nada. Ni siquiera te vas a dar cuenta de que me voy a trabajar.

A Brian le pareció que Leslie empezaba a comprender y a aceptar, así que dejó de justificarse.

—Leslie, quiero averiguar si soy capaz de conseguir que ese restaurantito italiano y cutre funcione. He visto a los empleados de ese local moverse como si estuvieran en coma y me recuerda cuando entré en JMJ, donde también vi a la gente así. Si puedo hacer que esos empleados se sientan felices yendo a su trabajo, me daré por satisfecho.

Leslie se quedó en silencio considerando la situación.

—¿Tiene todo esto algo que ver con la conversación que tuviste con Rick?

Brian rio porque no estaba acostumbrado a que su mujer fuera tan cruda y directa.

—Bueno, te mentiría si te dijera que no. Pero es más que eso. Necesito demostrarme a mí mismo que lo que conseguí en JMJ no fue cuestión de suerte, que todo el tiempo y la energía que invertí en las personas forma parte del éxito que tuvimos.

Leslie ya iba a tirar la toalla, pero decidió hacer un último intento:

—Pero es una pizzería.

—Exacto. ¿No se merece la gente que trabaja en una pizzería tener un empleo tolerable como cualquier otro trabajador?

Leslie se tomó unos segundos para considerar las palabras de su marido. Luego intentó hacer una mueca parecida a una sonrisa.

—Eres un tío raro, raro, raro, Brian Bailey.

Brian no pudo sino admitirlo.

TERCERA PARTE

EL EXPERIMENTO

EL MIEDO

La realidad de la decisión empezó a afectar a Brian el jueves por la mañana. Pero hasta que se puso la camiseta del «Gene & Joe's» no vio lo que se le venía encima.

Cuando cruzaba la puerta de su casa para irse, se dio la vuelta y le dijo a Leslie:

—¿Qué estoy haciendo?

Leslie sonrió y demostró la suerte que había tenido Brian, treinta años atrás, al casarse con una mujer como ella:

—Porque, como bien sabes, Dios te puso en el mundo para esto. Eres un director. Un líder. No puedes evitarlo.

—Pero mírame. –Y se volvió hacia el espejo del recibidor–. Llevo una camiseta que dice «Pizza y Pasta. Aquí, allá, en todas partes».

Ambos se echaron a reír de la forma más patética. Leslie lo animó.

—Oye, esto no es diferente a la facultad. Piensa que vas a empezar el mejor curso de dirección del mundo mundial. Sólo se trata de aprender.

Parecía que su arenga causaba buen efecto, así que siguió.

—Te estoy diciendo la pura verdad. Realmente creo que va a ser estupendo. Ojalá pudiera ir contigo.

Era exactamente lo que Brian necesitaba escuchar.

A DESTIEMPO

Conforme iba hacia el restaurante, camino que había hecho docenas de veces, decidió que, por alguna razón, el local parecía diferente.

Vio pintura desconchada y un cristal roto en un lateral del edificio que no recordaba haber visto antes. Gene & Joe parecía un poco más sucio y abandonado de lo que recordaba.

Rezando en silencio mientras se quitaba el cinturón de seguridad, Brian salió del vehículo y se encaminó a través del solitario aparcamiento que había frente a la puerta principal del restaurante.

Dentro, Joe estaba en la caja registradora mientras un hispano de veintitantos años cortaba verdura en la barra, detrás de él.

—Buenas tardes, Brian. Vienes pronto.

El saludo de Joe no parecía nada especial, como si Brian llevara años trabajando allí.

—Hola Joe. ¿Puedo hablar contigo un momento?

Joe cerró la caja.

—Claro.

Ambos se sentaron en una mesa cercana.

—Entonces ¿es ésta la parte donde me dejas claro que no piensas trabajar aquí? –preguntó Joe en tono sarcástico.

Dado que Brian realmente había pensado en rajarse varias veces en los últimos treinta segundos, no iba a hacerlo ahora.

—¿Crees que me he puesto esta camiseta maravillosa para venir aquí a dimitir antes de empezar?

Joe se echó a reír.

—Además, no puedo dejar un restaurante que es en parte mi propiedad, ahora. ¿O puedo?

—Vale, supongo que tienes razón. ¿Entonces qué pasa?

—Necesito que me digas claramente qué está pasando con este negocio.

—¿Eso no se suele preguntar antes de comprar una compañía? –preguntó Joe con su habitual sarcasmo.

Brian sonrió.

—Sí, supongo que sí. Lo que pasa es que soy limitadillo. Bueno ¿cuál es la situación?

Joe comenzó a explicar el tema.

—A ver, el 80 % de nuestro negocio se hace en el fin de semana, justo cuando tienes que venir tú. En un ejercicio normal solemos quedarnos un poco por debajo de lo que sería el umbral de la rentabilidad. Diciembre, febrero, julio y agosto, más los períodos vacacionales, es cuando sacamos más provecho. En cuanto cae la nieve, ganamos suficiente dinero para pasar el resto del año. Eso sí, cuando no nieva, no ganamos ni un céntimo.

—Vale. Y aparte de la naturaleza estacional del negocio, ¿cuál es tu mayor reto?

Joe se encogió de hombros.

—No sé. Supongo que parte del problema soy yo mismo. No me interesa ganar mucho dinero especialmente, lo justo para poderme dedicar también a esquiar, pescar y jugar al golf. No pretendo convertirme en Donald Trump.

Brian asintió.

—Vale, pero entiendo que has querido ganar más dinero. ¿Crees que podrías?

Joe no lo dudó.

—Hombre, un poco sí. Aunque no te creas que mucho. Estamos un poco apartados y mis empleados son un grupo muy variopinto, vamos, los que se quedan.

—¿La marcha de los empleados es un problema?

Joe asintió con la cabeza con exasperación.

—¿Pero por qué?

—Ojalá lo supiera. A ver, esta gente no se puede decir que sea precisamente ambiciosa, no sé si me explico.

—¿Y entonces qué son?

—No lo sé. La mayoría viene y se va, es difícil mantenerse aquí. No tengo ni idea, por ejemplo, de lo que hacen en su tiempo libre, y sería bueno saberlo, no sea que se dediquen a actividades ilegales –dijo entre risas.

Brian intentó ser educado pero siguió insistiendo.

—Pero alguna idea debes tener de por qué se marchan.

Joe pensó por un momento.

—Venga ya, Brian. Nadie se va a hacer rico aquí ni vamos a resolver los males del mundo. Aquí se hace un trabajo manual, por eso les importa un pimiento, eso sin hablar de la puntualidad. –Y aprovechó para mirarse el reloj–. Es una lucha en sí misma.

—Y si les importa un pimiento el trabajo y mucho menos presentarse a la hora ¿qué es lo que les exiges?

Joe se volvió a encoger de hombros.

—¿Qué te parecería que se aseguraran de poner una ensalada cuando una señora la encarga? –Rio–. Ése sería un buen comienzo.

El teléfono sonó.

—Lo mejor será que lo veas con tus propios ojos, que para eso te voy a tener que pagar una pasta.

Se levantó de la mesa, le dio una palmada en la espalda a Brian y se fue a coger el teléfono.

EL PERSONAL

A medida que iba llegando el personal ese jueves por la noche, Brian se iba presentando. Muchos de ellos no tenían ni idea de que se incorporaba un gerente al equipo y tampoco parecía importarles. Sin presentar la menor excusa por llegar tarde, se dirigían a sus puestos sin entusiasmo.

Brian pasó el tiempo previo a la apertura del local aprendiéndose los nombres de los nueve empleados que formaban parte del equipo de fin de semana y sus responsabilidades respectivas.

Joaquín era el jefe de cocina, y se hacía cargo de los platos principales (pollo, pescado y carne), así como de la pasta. Era un guatemalteco bajito y rechoncho, con un bigote abundante y una cicatriz a un lado de la cara. Hablaba un inglés malísimo con un marcado acento.

Kenny hacía la comida precocinada, desde pizzas a helados. Con sus más de 2 metros y menos de 90 kg, era el hombre más flaco y largo que Brian había visto en su vida. Con su acento de palurdo de Oklahoma, Kenny era más difícil de entender que el propio Joaquín.

Tristán era el «nuevo» que contestó al teléfono cuando Brian llamó. Estaba en la barra, respondía al teléfono, ayudaba a los clientes a encontrarles mesa y se encargaba del dinero y del cambio. Parecía tener unos diecisiete años, aunque en realidad tenía veinticinco.

Salvador era un mexicano pequeño y callado, que fregaba platos y mantenía la cocina y los aseos limpios siempre que fuera necesario.

Carl se encargaba de la ventanilla de pedidos en coche y ayudaba a Joaquín y a Salvador en la cocina. Como Brian pudo observar cuando lo conoció, parecía que tenía unos cuarenta años. Llevaba una alianza de casado y tenía un tatuaje con el símbolo de la paz en el brazo.

Harrison era un tipo grandote con barba roja y se encargaba de entregar la comida a domicilio, conduciendo un viejo Chevy Impala con un cartel magnético en la puerta que ponía «Gene & Joe's». Brian lo recordaba de haberles llevado comida a casa una o dos veces.

Jolene era una atractiva rubia que hacía de camarera, veinteañera, con un *piercing* en la nariz en el que brillaba un diamantito. Se encargaba de la mitad del comedor.

Patty llevaba la otra mitad. Parecía estar ya en la treintena, aunque a Brian le parecía que se esforzaba mucho en parecer más joven.

También estaba *Migo*, el chico joven que estaba preparando comida cuando Brian fue a reclamar su ensalada perdida. Su nombre real era Miguel pero todos lo llamaban Migo. Parecía ser un hombre para todo, y ayudaba donde se le necesitara, incluyendo la elaboración de pizzas, poniendo mesas y llevando la ventanilla de pedidos para los coches.

Y finalmente estaba *Joe*, que se ponía en marcha cuando se colapsaba el negocio, cuando alguien se ponía enfermo, cuando alguien se largaba sin dar explicaciones o cuando las cosas iban mal. Y por lo general las cosas iban mal.

ABRIR POR LA NOCHE

La ansiedad de Brian por lo ridículo de su situación no desapareció cuando el local abrió sus puertas y los clientes empezaron a entrar. Pero también en ese momento volvió a sentir que formaba parte de un negocio, otra vez. Sí, ciertamente era como una minifracción de lo que había sido JMJ, pero tenía lo mismo a menor escala, sus empleados, sus clientes, y eso era suficiente por ahora.

La noche fue la típica de un jueves en el Gene & Joe, más lleno de lo que nadie habría imaginado cuando estaba totalmente vacío de día. Aunque la gente no se presentaba ni encorbatada ni con indumentaria deportiva, la clientela era más bien poco sofisticada, podríamos decir que informal, tal y como se espera de quien ha pasado todo el día esquiando o haciendo deportes.

Joe le dijo a su nuevo director que empleara su primera noche observando todo lo que pudiera y aprendiendo cómo funciona la caja registradora. Brian se puso a ello rápidamente y tuvo muchas oportunidades para echar una mano montando y desmontando mesas, o llevando platos de pasta y pizza desde la cocina al comedor.

La noche se le pasó más rápido de lo que había esperado. Como el restaurante estaba fuera de la ruta principal y lejos de los hoteles, se cerraba bastante temprano. Así que hacia las 22:15, una hora después de que el último cliente se fuera, Brian y Migo cerraron las puertas. Joe le dijo a Brian que podía irse ya, pero él insistió en quedarse hasta el último momento.

Cuando cerraron y Brian se fue a buscar su vehículo al aparcamiento, vio que aún quedaba un único vehículo más, al lado del suyo. Al acercarse vio que era el automóvil de Leslie, pero de ella no había ni rastro. Entonces se dio cuenta de que estaba sentada en el Explorer de Brian, leyendo un libro.

Cuando abrió la puerta lo recibieron la sonrisa de su mujer y una bocanada de aire calentito.

—¿Qué estás haciendo aquí? –preguntó.

—Esperando a mi novio después de su primer día de trabajo. Vámonos a tomar postres.

EL INTERROGATORIO

Brian y Leslie se fueron y encontraron un restaurante llamado Mountain Express. Parecía limpio y estaba bastante lleno.

En cuanto se sentaron a una mesa, Leslie atacó:

—¿Y bien?

En realidad, Leslie sentía más curiosidad por el nuevo empleo de su marido, si cabe, que cuando éste le comunicó que volvía al mercado laboral.

—Bueno, desde luego no ha sido como me esperaba.

—¿Ha sido mejor o peor?

Brian se lo pensó un momento.

—Ambas cosas, supongo. Algunas mejor y otras peor.

—¿Ah sí? Pero no lo vas a dejar ¿no?

—No, no es tan malo. El trabajo en sí mismo no es horrible. De hecho, casi me parece que hay algo gratificante en el trabajo manual.

—Entonces ¿cuál es la parte mala?

—Es más deprimente de lo que había imaginado.

—¿Y eso?

—No sé. –Se encogió de hombros–. Como estuve trabajando en el Capitán Hamburguer, ya sabía que iba a ser un parque de atracciones. Pero es que esto es más parecido a una morgue. Me cuesta creer que esa gente trabaje ahí cada noche.

—Quizá sea ésa la naturaleza del trabajo en un restaurante en estos días.

—No lo creo. –Parecía que Brian intentaba responderse a sí mismo–. Desde luego no lo espero.

—¿Trabajan duro?

Brian dudó.

—Sí, pero como máquinas, sin el menor compromiso. Es como si no les importara lo que están haciendo y, la verdad, a los clientes tampoco parece importarles nada. Es un sitio para encontrar comida caliente y nada más.

Miró alrededor del restaurante como si buscara a alguien.

—Parece que en este local tienen el mismo problema ¿Dónde está la camarera?

Mientras seguían buscando algún camarero y mirando la carta de postres que estaba en la mesa, alguien les interrumpió.

—Siento mucho haberles hecho esperar tanto tiempo.

Era un camarero, de unos treinta años, con el bigote más feo que Leslie había visto en su vida. Se presentó, mientras sonreía lo suficiente para que se le viera una brillante ortodoncia.

—Soy Jack. ¿En qué puedo ayudarles?

—¿Qué nos recomienda, Jack? –Leslie siempre estaba abierta a sugerencias.

—Si les apetecen postres, a mí me gusta mucho la tarta de melocotón y el pastel de chocolate alemán.

—¿Y qué tal la tarta de manzana? –preguntó Brian.

—Bah, no es una de las mejores. Mi mujer las hace mejor.

Leslie miró a su marido como diciendo *¡Tiene mujer!*

—¿Y el tiramisú?

Ahora el paciente Jack arrugó la nariz.

—¿Sabe qué pasa? Que a mí no me gusta el tiramisú, así que no soy el más indicado para recomendarlo. Pero tengo que admitir que nadie se ha quejado nunca de él.

Antes de que los Bailey tomaran una decisión, el camarero les preguntó:

—¿Están ustedes de vacaciones?

Leslie, más extrovertida que su marido, se apresuró a explicar.

—No, no, vivimos aquí.

—¿Esquiadores?

—Solíamos serlo, hasta que se destrozó la rodilla –dijo señalando al marido.

—¡Qué mal rollo! –parecía querer saber si era grave.

En ese momento intervino Brian.

—Lo bastante grave como para dejarme fuera de combate todo un año.

El amistoso camarero comentó entonces:

—Debe estar aburriéndose, entonces.

Brian asintió con la cabeza.

—¿Ha probado a ir en moto de nieve?

Como ya había tomado su decisión, Leslie dejó la carta en la mesa y se añadió a la conversación.

—Eso siempre he querido hacerlo.

—¿Ah sí? –preguntó Brian con cara divertida.

—Pues claro, parece divertido.

Jack estuvo de acuerdo.

—Se pueden alquilar motos de nieve aquí cerca. Tras quince minutos de formación, todo el mundo está listo para utilizarlas, incluso con una rodilla hecha polvo. Y pueden ir juntos, por menos de doscientos pavos al día. Sé que es un montón de dinero, pero seguro que se lo pueden permitir –dijo sin poder acabar la frase porque Leslie lo interrumpió.

—Muchas gracias, Jack.

Brian sonrió tanto al osado camarero como a su también osada esposa. Pensó en la posibilidad de ir de paseo en la moto de nieve con su mujer, bien pronto.

Después de pedir sus postres, Jack se fue.

—A lo mejor me he estado equivocando respecto a tu trabajo en el restaurante –repuso Leslie con alegría–. Igual podrías ayudar a este chico.

—Eso es exactamente lo que estaba pensando. Voy a ofrecerle trabajo esta misma noche –dijo Brian muy serio.

Leslie se quedó perpleja.

—Estaba de broma, Brian. No puedes ofrecerle un contrato así, por las buenas. Hoy ha sido tu primer día de trabajo. No te puedes presentar el segundo día y decir «¡Hola a todos! He encontrado a Jack».

Brian sonrió.

—Sí que puedo. Soy uno de los dueños. ¿Recuerdas?

Leslie se echó a reír.

—¿Y no te parecería más razonable hablarlo primero con Joe?

—¿Estás de broma? Joe no sabría distinguir un buen empleado ni dándole una patada en el culo. Probablemente por esa razón las cosas van como van allá.

En ese momento, otro chico, quizás unos años mayor que Jack, llegó a la mesa con el café y el chocolate caliente que habían pedido Brian y Leslie.

—Jack llegará enseguida con los pasteles.

Leslie decidió ser curiosa.

—Perdone ¿conoce usted a Jack, nuestro camarero?

El camarero dudó un momento.

—Claro. ¿Por qué? ¿Hay algún problema?

—No, no, en absoluto. Es un camarero fantástico. Es sólo que me preguntaba cuánto tiempo hace que trabaja aquí.

—Casi un año. Vino desde Reno a una residencia de universitarios. Luego se casó, hace unos meses. Es uno de los mejores camareros que tenemos.

—¿Es usted el dueño del local?

—No, soy el gerente.

Ahora Brian pegó un salto llevado por la sorpresa.

—Dice usted que es *uno* de los mejores que tienen. ¿Hay más como él?

El gerente se quedó un tanto pensativo.

—Sí, unos cuantos son tan buenos como Jack. Aunque no todos estén tan cómodos con sus clientes.

Brian rio.

—¿Puedo preguntar dónde lo encontraron?

El gerente se encogió de hombros.

—Creo que el dueño puso un anuncio en el periódico. Al menos fue así como yo encontré el empleo.

—¿Pagan más aquí que en otros restaurantes de alrededor?

El chico lo miró como si nunca hubiera pensado en ello.

—La verdad es que no lo sé. Pero no lo creo. Creo que aquí tenemos más propinas, pero eso es todo.

Justo en ese momento llegó Jack con los pasteles y el gerente sonrió y abandonó la mesa con un alegre «Disfruten de sus postres».

En cuanto Jack colocó los platos en la mesa, Brian decidió ser atrevido.

—Jack, ¿te gusta trabajar aquí?

El joven camarero no lo dudó.

—Sí señor, me gusta mucho.

Se colocó correctamente y dijo en tono comprometido:

—A ver, no es un trabajo que quiera hacer durante toda mi vida, pero es un buen trabajo –dijo con una sonrisa.

—¿Y por qué crees que te gusta tanto?

Jack echó un vistazo a un par de mesas que eran responsabilidad suya y luego volvió a centrarse en la conversación de sus clientes.

—No lo sé. Eso debería preguntárselo a Jeremy.

—¿Quién es Jeremy?

—Mi encargado, el gerente. El chico que les ha traído el chocolate y el café.

Jack volvió a echar un ojo a sus mesas.

—Disculpen, amigos, pero tengo que atender a los otros clientes. Estaré encantado de volver con ustedes en unos minutos.

—No, no te preocupes. Gracias por tu ayuda, Jack –intervino Brian moviendo la mano.

Según se iba alejando el joven camarero, Leslie preguntó medio en broma medio en serio:

—¿Por qué no le has ofrecido trabajo?

—Porque no lo hubiera aceptado de ningún modo.

Leslie pareció confusa y Brian se explicó.

—¿Por qué iba a querer, un buen trabajador, un chaval agradable y joven, irse a trabajar a un lugar tan deprimente como el Gene & Joe? Además, me hubiera sentido fatal sacándolo de aquí. Tengo que hacer unos cuantos cambios antes de pensar en contratar a nadie.

—¿Qué tipo de cambios?

Brian sonrió emocionado.

—Todavía no estoy seguro, pero te aseguro que los encontraré.

En ese momento, Leslie comprendió cuánto necesitaba su marido un proyecto como ése.

MORDERSE LA LENGUA

Como quería meterse de lleno y empezar a hacer cambios de inmediato, Brian decidió que tenía que forzarse a observar una noche más el funcionamiento del restaurante antes de sacar sus propias conclusiones. Otra vez iba a ser una larga noche.

Lo primero que observó fue cómo tres clientes distintos volvían a la ventanilla de pedidos desde el vehículo porque su pedido estaba incompleto. ¡Uno de ellos tuvo que regresar dos veces por el mismo pedido! Pero esos errores no eran lo que realmente molestaban a Brian, sino que a nadie parecía importarle lo más mínimo, y al que menos, a Carl.

El trato que las camareras Jolene y Patty dispensaban a los clientes oscilaba de la simpatía a la indiferencia, e incluso la hosquedad, dependiendo tanto del humor de los clientes como de las camareras mismas. Sólo Migo parecía estar a gusto en su trabajo, y hacía todo lo que sus compañeros le solicitaban sin dudarlo y sin quejarse.

Conforme iba transcurriendo la noche, Brian se iba sorprendiendo más y más de que Gene & Joe se mantuviera a flote. Un incidente particular reflejó a la perfección el caos del local.

Cuando pasaban tres minutos de las nueve de la noche, se cerraba ya el restaurante, un viernes por la noche. Mientras se cuadraba la caja, Brian, de repente, escuchó a alguien frente al restaurante gritando «¡Autobús!». Irónicamente se trataba de Carl, y no de algún empleado hispano, que solían gritar en español.

En ese momento, el restaurante recuperó la vida que nunca había tenido, como si hubiera caído una bomba. En diez segundos, los empleados cerraron la puerta principal a cal y canto, apagaron todas las luces y casi todas las sillas estaban sobre las mesas. Los empleados se escondieron por los rincones del local, bien lejos de las ventanas.

Al principio, a Brian le pareció que les iban a robar o algo parecido. Salió corriendo hacia la ventanilla de pedidos para vehículos y la cerró con cerrojo. En el aparcamiento se veía un autobús. En las ventanas habían escrito con espuma «¡Arriba Rams! ¡Caña a los Tigers! ¡Vamos LHS!».

Brian observó que se abría la puerta delantera del bus y que por ella salían dos hombres. Se dirigían a la puerta principal del Gene & Joe pero, al estar cerca, se detuvieron en seco. Mirando sus relojes, negaron con la cabeza y se volvieron al autobús. Algunos hombres más ya habían bajado, pero los dos primeros los informaron de que el local estaba cerrado y que tenían que irse. Finalmente, el bus se fue dirigiéndose a las luces de South Lake Tahoe.

Tan pronto como el bus se marchó, los empleados del restaurante respiraron aliviados y soltaron un suspiro profundo. Era el mayor arrebato de pasión que Brian había visto en dos días.

—¿Pero qué ha sido eso? –preguntó Brian, mirando a Patty y a Kenny. La sala pareció que volvía a la calma después de la pregunta.

Al final Kenny se explicó.

—Hace dos meses vino un autobús diez minutos antes de cerrar ¡y estuvieron aquí hasta las tres de la mañana!

Patty continuó el relato.

—Es un grupo de madres y padres de un equipo de baloncesto de un instituto que está carretera abajo. Cada vez que los vemos venir lo cerramos todo a la velocidad del rayo.

Brian no podía ni creerse que no sintieran la menor vergüenza por explicarle lo que le estaban contando. Después de haber deseado tener la suficiente presencia de ánimo como para salir corriendo en busca del bus e invitarlos a entrar en el restaurante, el ex ejecutivo se sintió por fin preparado para introducir cambios significativos en el negocio. El sábado por la noche supondría el inicio de una nueva experiencia para los empleados del Gene & Joe.

EL COMPROMISO

El sábado por la noche, Brian llegó temprano al trabajo y le había pedido a Joe que hiciera lo propio. Más de una hora antes de que llegaran los empleados, los dos propietarios se sentaron en el comedor para hablar.

Joe empezó.

—Espero que no me vayas a pedir tu dinero. Porque te dejé bien claro que si te largabas antes de tiempo, no te devolvería ni un céntimo de la inversión.

Brian se echó a reír.

—No voy a dejar el negocio, no te voy a pedir mi dinero.

Joe respiró aliviado, con lo que Brian siguió hablando.

—Te voy a pedir que me dejes hacer algunos cambios.

Joe sonrió.

—Bueno, sólo llevas dos días aquí. Pero te dejo que seas mi invitado. –Hizo una pausa–. ¿Qué clase de cambios tienes pensado hacer? ¿El menú? ¿La decoración?

Brian se tuvo que aguantar el ataque de risa, especialmente por la ocurrencia de Joe al calificar como *decoración* el interior cutre del viejo restaurante, eso sin contar en cómo pronunció la palabra, en plan pijo (deccoraciónnnn).

—No, más bien estoy pensando en dirigir a la gente.

Joe frunció el ceño.

—¿Qué quieres decir? ¿Vas a despedir a alguien?

—No, nada de eso. –Brian hizo una pausa para pensar–. Claro que si pensara que es lo más conveniente, tendría que hacerlo. Pero no es eso en lo que estoy pensando.

Brian no quería que Joe se sintiera criticado, pero como no parecía que se lo tomara mal, decidió seguir.

—Lo que me gustaría es que me ayudaras a prepararlo todo para que, cuando venga el equipo, les pueda dar una pequeña charla.

De nuevo, la respuesta de Joe era medio indiferente medio dispuesta.

—Vale, vamos a ello.

Los extraños socios comenzaron a preparar el restaurante para el sábado por la noche. Fregaron el suelo, limpiaron la barra, cortaron los ingredientes de las pizzas y colocaron los suministros. Además, metieron mano a cosas que no solían hacerse, como limpiar las cartas o arreglar la entrada a los refrigeradores, porque Brian pensó que eso hacía mucho tiempo que no se realizaba.

Cuando los empleados empezaron a llegar, el local estaba más reluciente de lo normal, lo cual era evidente hasta para el más pasota de ellos.

Así, Carl preguntó:

—¿Quién ha hecho todo esto?

—Brian y yo –respondió Joe– y sólo nos ha llevado cuarenta y cinco minutos.

—¿Y ahora qué se supone que haremos nosotros?

—Me parece que vais a tener una reunión. Yo me voy al cine.

Y con eso, Joe se fue, dejando a Carl con cara de desconcierto.

LA CHARLA

Brian pidió a todos los empleados que se hicieran con algo para beber y se reunieran en el comedor. Aunque no había ninguna norma explícita al respecto, Joe solía desaprobar que los empleados tomaran ningún tipo de bebidas, incluso después de cerrar las puertas. Brian no lo sabía ni se había preocupado por ello.

Cuando todo el mundo estuvo sentado, salvo Migo, que aún no había llegado, el gerente empezó su charla. Después le admitiría a Leslie que estaba un poco nervioso porque no sabía cómo respondería esa gente. No es que temiera una revuelta. Lo que le asustaba era la posible indiferencia de la mayoría del equipo.

Sin querer andarse por las ramas, Brian fue directo al grano:

—¿A cuántos de vosotros les gusta su trabajo?

Silencio. Se miraban los unos a los otros como si les hubieran hablado en chino.

—Venga, sin miedo. ¡Que levante la mano a quien le guste su trabajo!

Poco a poco, se fueron levantando algunas manos, pero sin convicción.

Brian sonrió.

—Bueno, dejadme ser más claro. No estoy preguntando cuántos de vosotros queréis conservar el empleo. No voy a echar a nadie a la calle si no levanta la mano.

Al ver que la gente lo miraba con desconfianza, volvió a plantear la pregunta de otro modo.

—A ver, ¿cuántos de vosotros sentís alegría cuando venís a trabajar? ¿Cuántos de vosotros os ponéis de buen humor cuando venís al restaurante?

Brian se sentía como si les estuviera preguntando a cuántos les gustaba que los fustigaran con un palo. Nadie levantaba la mano, y algunos empezaban a reírse por lo bajo.

Patty no levantó la mano pero hizo un comentario.

—Bueno, yo tengo tres niños pequeños en casa, así que en realidad me alegro de irme de casa durante un tiempo. –Todo el mundo se echó a reír–. Pero preferiría no tener que venir *aquí* cuando huyo de casa.

Brian rio con el resto del equipo.

Carl saltó al momento:

—Pues a mí me entra como una especie de depresión los jueves por la mañana, cuando pienso que tendré que pasar el resto de la semana aquí metido.

Sus compañeros se quedaron helados con tal arrebato de sinceridad.

Brian centró la conversación.

—Bien, estoy aquí para deciros que mi trabajo consiste en conseguir que os guste trabajar aquí. Conseguir que sigáis viniendo.

Las caras de la gente fluctuaban entre la desconfianza, el desconcierto y el desinterés.

Brian sabía lo suficiente como para no esperar que esa gente abrazara sus ideas con alegría y subiera a su nuevo líder a hombros para darle vueltas por el comedor cual un torero en una tarde de gloria.

—Soy consciente de que estáis pensado que se me va la pinza, pero realmente ése es el punto clave de todo. Creo, honestamente, que si todos venimos felices al trabajo y nos gusta lo que hacemos, el negocio irá mucho mejor.

—¿Y eso tiene algo que ver con nosotros? –preguntó Harrison muy educadamente.

Brian tuvo ganas de pegarle un grito al repartidor. «¿Pero cómo no va a tener que ver, bendito? ¿No te parece bastante hacer tu vida un poco más feliz y estar orgulloso de tu trabajo? ¿No te parece que estar contento con tu empleo sería algo bueno para ti, para tu familia y para los que te rodean? ¿O te lo pasas bien echando pestes cada vez que te pones la maldita camiseta del Gene & Joe?».

Pero pensó que esa pobre gente no tenía ninguna razón para creerle ni para confiar en lo que les dijera sin incentivos tangibles.

—Bueno, en los dos próximos meses, todo el que trabaje en el turno de fin de semana ganará un dólar más la hora.

Todos los ojos se clavaron en él muy abiertos, y le dieron la oportunidad perfecta para apretarles un poco las tuercas.

—Pero eso sólo será válido para los que sigan el plan. El que no cumpla pierde el dólar extra por hora, ¿vale?

Por primera vez desde que había puesto los pies en ese negocio, sintió que había algún tipo de compromiso, aunque apenas detectable, por parte del equipo.

—Pero recordad: os pediré que hagáis una cosa que nunca antes habíais hecho. ¿De acuerdo?

Tristán intervino calmando los ánimos por un momento.

—Supongo que no nos pedirás nada ilegal, ¿no?

Brian rio hasta que se dio cuenta de que Tristán estaba hablando en serio.

—No, no. Nada ilegal. Nada que ver con eso.

El resto del equipo se reía con las ocurrencias del compañero, y Brian continuó.

—Lo primero que os voy a exigir es que lleguéis puntuales al trabajo.

Y como guinda del pastel, Migo entró justo tras la petición de puntualidad. Todo el mundo rio nerviosamente con la coincidencia. La extraña escena –una especie de mitin, las risas, el restaurante reluciente– sorprendieron a Migo.

Brian sabía que, dadas las circunstancias, reaccionar con confianza era más útil que lanzar una reprimenda.

—Toma asiento, Migo. Justo estábamos hablando de la importancia de ser puntual en el trabajo.

Todo el mundo volvió a reír, y antes de que pudiera salir una excusa de la boca de Migo, Brian siguió hablando.

—Pero no estaba hablando de ti en particular, así que no es necesario que nos cuentes por qué llegas tan tarde. Nadie está en apuros ahora mismo. Hablábamos del futuro.

Migo aceptó la absolución y se sentó.

—Pero a partir de ahora necesito que todo el mundo esté aquí cuando se supone que debe estar. Si esto supone un problema, que venga a verme y hablaremos de ello. Y no debería haber ningún problema.

Como parecía que nadie reaccionaba, Joaquín levantó la mano. Brian le dio la palabra y el cocinero guatemalteco comenzó a hablar en español. Entonces Migo tradujo sus palabras:

—Quiere saber si él puede volver a casa un poco antes, algunas noches, y un poco más tarde otras. Trabaja de día en una gasolinera y le cuesta mucho cuadrar los horarios.

El resto de empleados parecían un poco sorprendidos por el atrevimiento y estaban a la expectativa de la reacción del gerente y su respuesta. Brian sintió un poco de vergüenza por no haber pensado que alguno de sus empleados pudiera tener varios trabajos para salir adelante.

Pensó un instante. –¿Por qué no? Si tú puedes avisar a tiempo, por mí no hay ningún problema.

Los empleados hispanos se sorprendieron de la habilidad del gerente para chapurrear el español.

Migo tradujo, esta vez para los que no hablaban español. Miró a Brian por si estaba de acuerdo con la traducción de sus palabras.

Ahora todo el equipo estaba flipando con la respuesta de su gerente.

Brian pensó que Joe no estaría de acuerdo con sus sugerencias pero siguió adelante.

—Además de la puntualidad, quiero que a partir de ahora todo el mundo empiece evaluar su propio trabajo. Creo que si uno no se evalúa una cosa, es imposible mejorarla.

Aun a sabiendas de que sus palabras no tendrían demasiado sentido para el equipo, Brian profundizó en el tema un poco más.

—Que nadie se preocupe. Yo voy a estar siempre para ayudar ante cualquier duda o problema, para todo lo que tengáis que evaluar y para explicaros cómo tenéis que hacerlo. De hecho, muchos de vosotros empezaréis esta misma noche.

Brian sintió que ya había hablado bastante y que la acción es más expeditiva que las palabras.

—Muy bien, hemos aprovechado estos minutos antes de abrir. Ahora vamos a trabajar.

Antes de que cada cual se fuera a sus obligaciones, Brian se tomó un momento para explicarle a Migo lo que había pasado antes de su llegada, porque parecía desconcertado con todo lo que se había dicho, y ni siquiera sabía que se había acordado un ligero aumento de sueldo. Luego, el gerente se dispuso a implementar su plan. Decidió empezar con su mayor reto: Carl.

PRIMER TEST

Los sábados por la noche, el Gene & Joe estaba abarrotado, en su mayoría de gente vestida con ropa de esquí y algunos vecinos del pueblo que buscaban una cena rápida e informal. La ventanilla de pedidos desde el automóvil, algo que nunca había tenido mucho sentido para Brian, estaba asombrosamente llena los sábados por la noche, en especial de automovilistas que iban camino a Reno.

Carl tenía sobre todo tres responsabilidades: tomar los pedidos de los clientes, ordenarlos para ayudar al equipo de cocina y entregar los pedidos tras cobrarlos. No hacía bien ninguna de las tres cosas.

Carl no era en especial receptivo, cuidadoso ni amable en su rol de atención en la ventanilla de pedidos para llevar, pero a Joe no le había preocupado nunca porque no le parecía que esa parte del negocio tuviera importancia.

—En realidad, ¿en qué marca la diferencia? –le dijo un día a Brian.

Sin embargo, Brian había observado que cuando Carl cometía un error –cosa bastante habitual–, se producía una reacción en cadena que afectaba a todo el equipo: Joaquín se veía obligado a preparar un plato extra, en ocasiones en el peor momento; Tristán tenía que sacar del problema al pobre cliente que llegaba a la barra para quejarse; Joe tenía que sacarse de la manga el discurso de disculpa, al tiempo que urgía al resto del equipo a que subsanara el problema.

Como resultado, se creaba un estrés innecesario, las cosas iban aún un poco peor y aparecían las crisis.

A pesar de que Brian tenía claras algunas ideas para mejorar el trabajo de Carl, quería darle al hombre la oportunidad de organizarse por sí mismo. En un momento en que la ventanilla estaba libre y no había vehículos esperando, Brian le pidió a Tristán que echara un ojo y se llevó a Carl a un sitio apartado.

Cuando se sentaron, Brian le dijo:

—Carl, ¿sabes cuál es el mejor modo para evaluar lo que estás haciendo bien en tu trabajo?

Carl se lo quedó mirando con cara de póker y se encogió de hombros.

—No lo sé.

Brian lo intentó de otro modo.

—Imaginemos que la noche ha acabado y todo está ya cerrado ¿cómo sabrías si ha sido una buena jornada en la ventanilla?

Carl se lo pensó un poco y repuso:

—¿Por el número de pedidos que se han hecho por ventanilla, quizás? ¿O por la cantidad de tiempo que han tenido que esperar los pedidos?

Brian asintió con paciencia.

—Sí, bueno, eso estaría bien. Pero tú no controlas el volumen de clientes que vienen a buscar comida para llevar, eso no depende de ti. Esa información sería una buena herramienta para calcular lo *ocupado* que has estado tú, personalmente, pero no nos permite saber si has hecho bien tu trabajo.

Carl parecía comprender la lógica y afirmaba mostrando que estaba de acuerdo.

Brian continuó.

—El tiempo que la gente ha tenido que esperar sus pedidos es una buena medida. Pero también depende de muchísimas cosas que se escapan a tu control, como la prisa que se den los compañeros de la cocina en sacar los pedidos que les pasas.

Carl volvía a estar de acuerdo.

—¿Y qué es, entonces, lo que piensas?

Brian estuvo encantado de situarlo en el camino correcto.

—En mi opinión, sabrás si estás haciendo un buen trabajo por el número de pedidos sin errores, por ejemplo.

Sin el menor atisbo de defensa (ni de entusiasmo), Carl asintió.

—Sí, es una buena manera de calibrar las cosas.

—También opino que deberías encontrar la forma de calcular el mejor trato que puedes dar a los clientes para que vuelvan otro día.

—Vale. –La manera en que lo dijo reflejaba que no entendía realmente lo que le querían decir.

—¿Qué te parecería anotar cada vez que los clientes sonríen cuando están pidiendo o recogiendo su pedido en la ventanilla?

En realidad, era una invitación que Brian le hacía a Carl para que recibiera a sus clientes con una sonrisa.

—¿Una «sonrisa»?

—Claro, ¿por qué no? –preguntó Brian–. Es una clara indicación de que están contentos, y eso, definitivamente, sí está bajo tu control.

Carlo lo consideró.

—Y si consigues que se rían, pues valdrá como cuatro sonrisas –añadió Brian.

—No sé, no sé. Eso me parece muy raro.

—Venga hombre. No se trata de que expliques chistes. Aunque puedes hacerlo, claro. Sólo intenta sonreírles y hacerles alguna preguntita. Estoy seguro de que saldrá bien. Puedes preguntarles cómo ha ido la jornada de esquí o hacia dónde se dirigen, por ejemplo.

O bien Carl se dio cuenta de que era factible o bien recordó el incremento salarial del dólar extra por hora que recibiría si lo hacía. En cualquier caso asintió con la cabeza y dijo:

—Vale. Lo haré.

—¿Por qué no tomas uno de esos salvamanteles grandes y lo pones cerca de la ventanilla para apuntar cuántas veces te equivocas con los pedidos y cuántas veces te han sonreído los clientes?

—¿Quieres que otra persona haga el recuento?

—¿Por qué? –preguntó Brian extrañado.

—¿Cómo sabrás que no estoy haciendo trampas?

Brian tenía ganas de reír, pero mantuvo el tipo como pudo.

—Porque no creo que seas de ese tipo de personas.

Luego miró a su alrededor como si quisiera asegurarse de que nadie podía escucharlos, y dijo en tono de confidencia:

—Además, he instalado cámaras ocultas por todo el local y podré verlo todo.

Por primera vez, Brian vio a Carl sonreír. Sólo un momentito de nada, es cierto, pero fue una sonrisa espontánea e iba dirigida a él.

LAS RONDAS

En un arrebato de confianza sin parangón, Brian fue hablando con todos los empleados, uno a uno.

Estuvo de acuerdo con Patty y Jolene de que las propinas serían un buen indicador del trabajo bien hecho. Pero también les sugirió que contaran los comentarios espontáneos de los clientes sobre su servicio y sobre el servicio de otros compañeros que los clientes les pudieran comunicar. Estuvieron de acuerdo con él, para sorpresa de Brian, que acabó pensando que tal aceptación se debía a sus personalidades gregarias y a la existencia de incentivos económicos por el trabajo bien hecho.

El trabajo de Tristán en la caja registradora y atendiendo al teléfono era más difícil de valorar, pero tras un par de sugerencias rechazadas, Brian estuvo de acuerdo con tres sistemas: el tiempo que se tardaba en devolver el cambio a las camareras para que se lo llevaran a los clientes, su creatividad para acompañar a los clientes a sus mesas y el tiempo de respuesta al teléfono. Por lo menos los dos primeros sistemas eran buenos porque irían avalados por la opinión de las camareras, Patty y Jolene.

Joaquín y Kenny, en la cocina, serían fáciles de valorar. Ellos contabilizarían su éxito por el tiempo de entrega de los pedidos y los comentarios de los clientes sobre la comida. En el último caso, también dependerían de lo que dijeran las camareras, en tanto que receptoras de las opiniones de los clientes, dado que el personal de cocina no tiene acceso directo a éstos.

Brian decidió que Harrison, el repartidor, no podía ser evaluado por el tiempo de entrega de los pedidos, puesto que éstos no dependen de él, sino de la velocidad de la cocina para elaborarlos. Y, además, no se le podía exigir que condujera a toda velocidad. En realidad, lo mejor era evaluarlo en función de las propinas recibidas por su amabilidad en la entrega y la relación con los clientes, como intentó explicarle al repartidor de barba roja que, con total seguridad, no iba a poner buena cara cuando le dijeran que tenía que ir midiendo sonrisas.

Salvador, el lavaplatos, podría ser evaluado por la cantidad de menaje que tuviera a punto y a disposición de sus compañeros, siempre y cuando estuviera muy limpio y reluciente.

Migo sería el más difícil de evaluar dada la variedad de sus responsabilidades. Brian y él estuvieron de acuerdo en que la opinión del resto de empleados sería el mejor indicador de su buen desempeño. Cuando Brian le dijo que pidiera opinión a sus compañeros cada noche, éste le contestó que era preferible que la pidiera él mismo, para asegurarse la honestidad de los compañeros.

Al final de la noche, todo el mundo tenía claro cómo valorar su buen hacer y algunos intentaron empezar a autoevaluarse. Aunque lo cierto era que esa noche no había un entusiasmo desbordante con el nuevo programa de trabajo, Brian notó una sutil sensación de alegría, atribuible a la novedad y al incremento salarial.

Cuando Brian cerró el restaurante esa noche, estaba realmente emocionado por ver su programa implementado a partir del próximo jueves.

COMO AGUA FRESCA

El automóvil que había aparcado en la entrada de su cabaña no le resultaba familiar a Brian y, al examinarlo de cerca, vio que era alquilado. Cuando abrió la puerta de su casa, fue recibido por las forzadas sonrisas de su mujer Leslie y de su hija Lynne.

Lynne había estado por la zona para su entrevista en South Lake Tahoe, pero tras unas cuantas llamadas de teléfono a sus hermanos, añadió a su agenda una segunda tarea: comprobar la cordura de su padre.

Tras los consabidos abrazos, besos y demás saludos, la familia se sentó en el salón. Lynn, que nunca le daba la espalda a un reto, abordó el tema directamente.

—Bueno, ¿y de qué va ese trabajo tuyo, papá? –preguntó con una sonrisa amarga en la cara.

Brian no quería ponerse a la defensiva.

—Seguro que tu madre ya te lo ha explicado. Soy copropietario de un pequeño restaurante italiano del pueblo; es probable que hayas pasado cerca cuando venías hacia aquí. Dirijo el negocio los jueves, los viernes y los sábados.

—¿Y qué te ha llevado a hacer una locura como ésa?

Brian sonrió entre divertido y orgulloso de su protectora hija.

—Ya sé que parece una locura –buscaba las palabras exactas–, bueno, locura es la mejor palabra para definirlo, supongo. Pero tengo mis razones y ahora estoy entusiasmado con mi proyecto.

Lynne puso cara de pena y preguntó:

—¿Cuánto te están pagando? ¿Ocho pavos la hora?

Brian se echó a reír.

—No me pagan nada, soy el dueño. He renunciado a un salario por el momento.

Leslie lo interrumpió.

—Esto no lo está haciendo por dinero, obviamente.

—Perdona que pregunte tanto, papá, pero ¿por qué estás haciendo esto, exactamente?

Brian explicó con paciencia los problemas que estaba teniendo por haber finalizado su carrera de un modo tan abrupto y las conversaciones que había tenido con Rick Simpson. Le explicó su sensación general de frustración con el tema de la infelicidad de la gente en sus empleos y que le parecía que Dios lo había puesto en el mundo para ayudar a los demás en este tema.

Tal y como hizo con su esposa una semana antes, Brian fue muy persuasivo con sus explicaciones. Ya sea porque ella misma estaba también buscando un empleo, o por su naturaleza empática, Lynne parecía aceptar y comprender a la perfección lo que su padre le decía.

—Así, ¿cuánto tiempo estarás embarcado en este reto?

Brian dudó un momento, porque en realidad no había pensado en ello.

—No lo sé con exactitud –pensó más su respuesta–. Puede que sean dos meses, o seis, o quizás un año.

Leslie sintió un escalofrío.

—¿Un año? ¿De verdad crees que vas a aguantar tanto tiempo?

—Depende del tiempo que necesite para conseguir mi propósito.

—¿Y qué propósito es ése? –preguntó Lynne.

—Ayudar a la gente a sentir plenitud y compromiso en sus empleos. Averiguar por qué hay tanta gente amargada con su trabajo.

—Vale, ahora tengo una pregunta de parte de Eric. –Lynne revisó su bloc de notas para asegurarse de que hacía la pregunta en los mismos términos que la hizo su hermano. Aquí está. Eric pregunta: «¿se te ha ido la olla, papá?».

Todos rieron a carcajadas por la brutalidad de la pregunta del hermano mayor.

—Dile a Eric que no se preocupe por mí. Estoy la mar de bien.

Lynne parecía satisfecha, por el momento, con las explicaciones, así que la familia pudo dejar el tema del trabajo de Brian para centrarse en sus entrevistas de trabajo.

RESULTADOS INICIALES

El jueves por la noche tardó en llegar más de lo que Brian podía soportar.

Tras haberlo recordado una última vez el sábado por la noche, Brian estuvo encantado de ver que ese día todo el mundo llegó a su hora. Por desgracia, su plan de evaluaciones no fue tan bien como esperaba.

Algunos de los empleados olvidaron que tenían que contabilizar sus logros, mientras que otros vieron que se les complicaba el trabajo mucho más que antes. Brian tuvo que recordarse a sí mismo que su actual equipo no era de primera división; algunos de ellos eran, como mucho, de tercera regional. Los cracks de la cocina, del servicio de mesas, de la entrega a domicilio, estaban todos en los restaurantes más estupendos y en los hoteles maravillosos. Tenía claro que el Gene & Joe no podía contratar la flor y nata del sector. Pero eso lo animaba más, si cabe, a ayudarlos. Y a tener paciencia.

A mitad del viernes por la noche, Brian tenía el sistema de evaluaciones bastante bien implantado. Se dio cuenta de que las camareras estaban más atentas a las propinas que los clientes les dejaban, que los cocineros prestaban más atención al tiempo de entrega y a la exactitud de los pedidos. Carl no estaba teniendo suerte con las sonrisas de los clientes, pero él mismo se mostraba más amable que de costumbre y revisaba dos veces los pedidos antes de entregarlos por la ventana.

A diferentes niveles, todos en el Gene & Joe parecían hacer las cosas un poquito mejor que la semana anterior. El sábado por la noche, los empleados revisaron sus resultados y los compararon entre ellos.

La semana siguiente, el humor y la eficiencia en el Gene & Joe empezaron a mostrar claros síntomas de mejora, de forma discreta pero visible.

Las propinas empezaron a ser un poco mayores, los errores ligeramente menores, e incluso el local parecía más limpio. Brian sentía que su experimento estaba funcionando antes de lo previsto.

Y lo más importante de todo, lo empleados invertían más tiempo hablando de algo de lo que nunca habían hablado antes: de trabajo. Se aconsejaban unos a otros sobre cómo hacer las cosas mejor y más rápido, cómo tratar a los clientes para conseguir más propinas o reacciones positivas.

Pero al final de la noche del sábado, mientras ayudaba a Migo, Tristán y Carl a cerrar el local, pasó algo que acabó con la complacencia que había sentido Brian.

EL INCIDENTE

Brian estaba cerrando la caja registradora mientras el resto del equipo limpiaba las mesas, fregaba el suelo y subía las sillas.

—¡Carl! ¿Cuántas sonrisas has recibido hoy?

La respuesta de Carl fue la peor que Brian podía esperar.

—No lo sé.

—¿Qué quieres decir con «no lo sé»?

Sin dejar de fregar el suelo, como quien pasa de todo, el empleado dijo:

—No me he fijado.

Brian estaba pasmado, como el resto del equipo.

—¿No te has fijado?

Carl se encogió de hombros.

—Es que no entiendo de qué sirve eso.

Antes de que Brian pudiera responder, Tristán saltó:

—¿Para ganar un dólar más la hora, por ejemplo? ¿Crees que a mí me importa lo rápido que devuelvo el cambio? ¡Hazlo y punto!

Carl asintió y miró a Brian.

—Sí, lo siento. Lo haré mejor la próxima semana –luego miró a Tristán y a Migo–. Perdonadme.

Brian aseguró a todo el equipo que el aumento de salario no se haría efectivo hasta que Carl no se comprometiera con el plan. Pero también se dio cuenta de que, para mayor desconcierto, su plan tenía un fallo, algo erróneo, y mientras ese error estuviera presente, fallaría sistemáticamente.

Brian se fue a casa estrujándose el cerebro para suponer lo que él y su equipo directivo hicieron en JMJ para conseguir que los empleados estuviesen felices con sus puestos. Más allá de los elogios y atenciones que recibían por estar trabajando en una compañía tan importante, nunca se hizo por ellos nada significativo ni específico. «Tratamos a la gente como nos gustaría que nos trataran» era la explicación que siempre daba cuando les concedían un premio, en las cenas de empresa o cuando le hacían una entrevista.

Sin embargo, ahora eso no bastaba. Brian necesitaba hacer un análisis exhaustivo para demostrar su teoría. Y mejor que lo hiciera antes del jueves. De lo contrario perdería el ímpetu que ahora podía sentir.

Como sabía que iba a necesitar ayuda, Brian envió correos electrónicos a diversos antiguos colegas, algunos de los cuales aún estaban trabajando para JMJ. Preguntó a los directivos de recursos humanos, a los jefes de operaciones y a los directores de manufacturas si querían compartir sus opiniones sobre cuál era la clave para dirigir la moral y la productividad de los empleados.

En los días siguientes, empezaron a llegarle respuestas y Brian estaba entusiasmado leyendo los correos que le devolvían. Pero ninguno de ellos parecía tener una idea completa o específica que pudiera arrojar luz sobre lo que Brian debía hacer en el Gene & Joe. Ni para animarlo en su entusiasmo por lo que estaba haciendo.

LA CRUDA REALIDAD

Brian acudió temprano al trabajo ese jueves, y le encantó encontrarse a Joe allí. Los dos se sentaron en el restaurante para charlar.

Empezó Joe.

—¿Cómo ha ido? ¿Aún estás contento de estar aquí?

—¡Sí, claro! –asintió Brian–. Estoy disfrutando mucho. ¿Qué tal tú?

—Bueno, yo hace más de treinta años que estoy aquí, así que ya no disfruto tanto.

Brian rio con el humor inteligente y mordaz de Joe.

—No, me refiero a cómo te sientes al tenerme aquí llevando el negocio.

—Bueno, no has quemado el local y las facturas son las mismas que antes. Por lo que voy viendo, todo está yendo bien.

En ese momento, Salvador y Migo pasaban por la puerta principal.

Joe se miró el reloj y pensó que lo debía tener atrasado. Volvió a la conversación con Brian.

—¿Cómo está llevando tu mujer esta ocurrencia tuya?

—Pues mira, le sirve, por lo pronto, para tener unas pocas noches tranquilas en casa, leyendo y viendo películas antiguas. Durante la semana, si el lago no está abarrotado, vamos de paseo en automóvil o hacemos senderismo. Incluso alquilamos motos de nieve y exploramos las colinas que rodean nuestra cabaña.

Joe sonrió.

—¿Y de qué querías hablar conmigo?

Esta vez, por la puerta entraba Tristán. Joe volvió a mirar el reloj, extrañado. Le preguntó entonces a Brian:

—¿Has cambiado la hora en que se supone que la gente entra a trabajar?

Brian negó con la cabeza.

—¿Pero qué puñetas están haciendo aquí? –preguntó mirando a la cocina, donde ya se veían los tres empleados trabajando–. ¿No me digas que han llegado antes de la hora?

Brian se explicó entre risas.

—He ideado un programa de incentivos, y parte del trato consiste en que sean rigurosamente puntuales.

—¿Qué clase de incentivos? –El accionista mayoritario quiso saberlo de inmediato.

—De eso es de lo que quería hablar contigo. Les he prometido un dólar más la hora en sus salarios durante dos meses.

Joe lo miraba asombrado, incluso desbordado, de manera que Brian le aclaró las cosas.

—No te preocupes, de ese aumento me encargo yo. Además, no se efectuará ni un solo pago de más hasta que el programa no esté del todo implementado. Es algo temporal. Después volveremos a la normalidad. –Hizo una pausa antes de continuar–. Pero estoy ideando un sistema para que todo el mundo pueda tener una parte proporcional de las propinas.

Joe parecía haberse calmado un poco, pero seguía un poco inquieto.

—Bueno, no creo que puedas conseguir que las camareras te permitan repartir sus propinas y, francamente, yo de ti ni se lo comentaría. Menos aún sin consultármelo antes.

Brian se dio cuenta de que debería haber aclarado, desde el principio, que el aumento de salario temporal saldría de su propio bolsillo.

—Tienes razón, Joe. No debo hacer nada semejante sin consultarlo contigo antes. Lo que me ha pasado es que, teniendo en cuenta que a mí no me pagas nada, pensé que no te importaría compensarlo por otro lado.

Joe lo interrumpió.

—Sí, sí, no pasa nada. No te preocupes. Todo parece que está funcionando correctamente. –Hizo una pausa porque vio que entraban más empleados por la puerta–. Además, si has conseguido que estos inadaptados sean capaces de llegar al trabajo a su hora, será porque sabes lo que estás haciendo.

Brian esperaba que fuera así.

SEGUNDO ASALTO

Aunque el restaurante estaba a punto de abrir, no había llegado ningún cliente. Por eso Brian aprovechó para pronunciar un pequeño discurso. Cuando todos los empleados estuvieron listos, excepto Joaquín, que tenía permiso para llegar más tarde los jueves, Brian empezó.

—Muy bien. Sólo quiero haceros saber que vamos a añadir un punto más a la lista de cosas que evaluamos.

La gente se sentía muy cómoda con su gerente, así que Tristán dijo, desde la barra donde estaba sentado:

—¿Nos vais a pagar un dólar más la hora?

Todo el mundo se echó a reír, salvo Joe, que observaba impasible la escena.

—No, esta vez no se trata de dinero. Se trata de comprender para quién estáis trabajando.

Patty intervino con una pregunta.

—¿Vas a reorganizar las cosas y vamos a tener jefes diferentes?

—No, no tiene nada que ver con eso –negaba Brian con la cabeza–. Tenéis que entender claramente quién es el beneficiario de vuestro trabajo.

Las caras de estupefacción demostraban a Brian que tendría que ser más explícito si quería que lo comprendieran.

Migo levantó la mano y Brian le cedió la palabra.

—¿Algo como un seguro de vida?

Brian no sonrió por no humillar a Migo con su participación ni parecer condescendiente con el equipo.

—No, tiene que ver con cómo estableces la diferencia entre las otras personas y tú mismo.

Migo siguió con otra pregunta:

—¿Como la familia?

—No exactamente, estoy pensando en otras personas, como las que están en este restaurante. Un cliente, por ejemplo. O un compañero.

Kenny levantó la mano, pero no pudo esperar a que le cedieran la palabra.

—¿Puedes ponernos un ejemplo?

—Claro. Vamos a empezar con uno fácil, Jolene.

La atractiva y extrovertida camarera se puso de pie.

—¡Eh! ¿Estás diciendo que soy «fácil»?

Brian se quedó cortado pensando que la chica se había ofendido y empezó a justificarse. Entonces, Tanto Jolene como el resto del equipo estallaron en carcajadas.

Brian sonrió y movió la cabeza.

—Vale, a ver, Jolene es camarera. ¿A quién sirve y cómo marca la diferencia en la vida de los demás?

Esta pregunta, aparentemente fácil, no obtenía respuesta. Al final, Tristán se atrevió:

—Ayuda a los clientes llevándoles la comida a la mesa.

Brian asentía con la cabeza, pero demostraba que la respuesta no era suficiente.

—Tienes razón en que ayuda a los clientes así. Pero ¿llevar la comida marca una diferencia en sus vidas?

Brian y otros negaron con la cabeza.

—Bien, pues imaginemos que es borde y maleducada con los clientes, que les tira los platos en la mesa y luego los ignora el resto de la noche.

—Entonces el negocio se hunde y yo me quedo sin trabajo –intervino Salvador, el tímido y pequeño lavaplatos. Entre su extraño acento y la rareza de sus comentarios, todo el local comenzó a reír.

Brian sonrió ampliamente porque le gustó que Salvador formara parte del debate.

—Tienes razón Salvador. Es muy probable que se hundiera el negocio.

El lavaplatos se mostró encantado de que el jefe estuviera de acuerdo con él.

—Más allá de todo esto, ¿cómo podrían Patty o Jolene marcar una diferencia en la vida de los clientes?

Ahora el local estaba en silencio, y todos, desconcertados. Todos estaban pensando en la pregunta. Antes de que pudieran responder, Brian hizo la pregunta de otro modo, dirigiendo el tema a las camareras directamente.

—Pensad en las cosas que habéis hecho en el pasado y que ahora os podrían servir con total sentido.

Tras un momento de consideración, Patty levantó la mano. Brian le dio la palabra y ésta empezó a hablar.

—Hace unos meses, una madre entró en el restaurante con cuatro niños pequeños. Todos chicos. Se empezaron a portar muy mal. Nada importante, sólo las típicas trifulcas entre hermanos. –Patty miró a su alrededor, encantada de ser la protagonista–. Después de haberles llevado la comida a la mesa, el más pequeño saltó y casi me tiró la pizza al suelo. Por suerte fui capaz de darle un manotazo a la pizza para que el plato ardiendo no quemara al niño. Entonces puse la pizza en una bandeja fría.

Hizo una pausa y Brian espetó:

—Vale, muy bien, pero ¿qué más pasó?

—Espera un momento, chato. No he acabado. Cambiar la pizza del plato ardiendo al plato frío supongo que marcó la diferencia en la vida de la clienta, creo que la ayudé a evitar un feo accidente.

Brian se reía recordando el epíteto que la camarera le había regalado, pero estaba encantado de lo metida que estaba en la discusión.

—Sí, Patty, sigue, por favor.

—Total, que la pizza se cayó al suelo, los niños empezaron a gritar como posesos y la madre estaba a punto de llorar.

—¿Y qué hiciste? –preguntó Tristán interesadísimo.

—Primero les dije a los niños que no habría comida para ellos si no escuchaban a su mamá. ¡Se quedaron en completo silencio! Después le aseguré a la señora que le haríamos una segunda pizza sin cobrársela. Y luego me fui a la cocina a buscar trozos de masa para pizza para que los niños jugaran con ella y se entretuvieran jugando.

Como sus compañeros escuchaban asombrados, Patty siguió el relato.

—La señora me dio las gracias, pero aún parecía superada por la situación y avergonzada por el espectáculo. Así que le dije que sus hijos no eran diferentes de los míos o de cualquier otro niño que entra en el restaurante, para que no se sintiera mal. Luego la invité a una cerveza, cortesía de la casa.

Tristán empezó a aplaudir.

—¡Fantástico!

Carl añadió:

—¿Por qué no te vienes a mi casa?

Todo el mundo se echó a reír y Brian continuó.

—Pero Patty no sólo le llevó otra pizza a la señora. La ayudó en un momento tenso y difícil. Mientras haya en el restaurante situaciones que empiecen a ser dramáticas, yo espero que cada uno de vosotros sea capaz de encontrar el modo de ayudar a los clientes de alguna manera.

Jolene habló entonces.

—Sí, a veces me doy cuenta de que puedo endulzar el día de un señor mayor con sólo llamarlo «chato» o despidiéndome de él con un «pase un feliz día» cuando se va. Y me gusta hacerlo cuando ya han pagado y se van del local, para que no piensen que estoy intentando que me dejen más propina.

A Brian le encantaba lo que estaba oyendo.

—Y vosotros, chicos –dijo dirigiéndose a Carl y a Harrison–, aunque ya se sabe que la ventanilla de comida para llevar es diferente al resto del negocio, creo que podéis aplicar lo mismo en vuestro trabajo.

Ambos asintieron con la cabeza a modo de conformidad, aunque con poco entusiasmo, por eso Brian pensó que Carl iba a necesitar un poco de respaldo personalizado.

Brian agradeció que Kenny levantara la mano para plantear una pregunta clave.

—¿Qué pasa con los que no tratamos nunca con los clientes?

Migo, Tristán y Salvador parecían estar esperando atentamente la respuesta.

—Vamos a empezar por ti, Salvador –dijo Brian–. ¿A quién ayudas tú y cómo puedes marcar la diferencia en sus vidas?

Ésa era demasiada presión para el pobre lavaplatos, que se encogió de hombros mientras movía la cabeza de un lado a otro.

—¡Venga, Salvador, tú nos ayudas a todos nosotros! –repuso Patty–. Te aseguras de que los clientes coman en platos limpios y que los cubiertos estén relucientes. Friegas todos los cacharros de Joaquín y Kenny, de cualquiera que se ponga a cocinar. Si no hicieras un buen trabajo, todos tendríamos un serio problema.

Aunque Brian lo habría explicado con más delicadeza, apreció el entusiasmo de Patty y el impacto positivo que tuvo en Salvador, que parecía sentirse orgulloso.

Esperando más preguntas, Brian se volvió a otros empleados.

—Kenny, ¿cuál es el impacto que tú creas y cómo lo haces?

Kenny no lo dudó:

—Bueno, yo marco la diferencia en la vida de los clientes ofreciéndoles buena comida.

—Claro que sí. ¿Algún comentario sobre Kenny?

—Kenny marca la diferencia en mi propia vida –dijo Carl para sorpresa de todos.

Kenny parecía desconcertado, en particular porque era Carl el que lo había dicho.

—Sí, quiero decir que yo no puedo entregar los pedidos rápido si tú no trabajas rápido para mí. Cuando trabajas rápido, como una máquina, me quitas todo el estrés.

—Lo mismo sentimos nosotras, Ken –añadió Jolene–. No importa lo amables que seamos con los clientes si les das la comida veinte minutos tarde y ya fría. Joaquín y tú sois la clave de nuestro éxito. Lo mismo que tú, Tristán.

Jolene se volvió hacia el responsable de la caja y del teléfono.

—Sólo después de devolver el cambio a los clientes podemos retirarlos de la mesa y prepararla para recibir nuevos clientes. Cuando nos encontramos con un grupo de quince personas juntas que vienen a celebrar algo, y de repente sólo encontramos dos mesas alejadas entre sí, haces magia y consigues que consigamos espacio con rapidez.

Tristán quiso suavizar el cumplido.

—Hay demasiado amor en este local ahora mismo. Me estoy conmoviendo.

Todos rieron. Brian estaba seguro de que ese equipo se lo acababa de pasar bomba en el trabajo por primera vez.

—Fantástico. ¿Y qué pasa con Migo?

En ese momento se abrió la puerta del local y entraron unos esquiadores para cenar.

—Migo, ya hablaremos más tarde sobre el tema. Recuerda, necesito que todo el mundo contabilice sus logros esta noche. ¡No podemos pasar de esto!

Y de este modo, todo el mundo empezó a trabajar esa noche.

FALLO TÉCNICO

El jueves y el viernes por la noche fueron muy bien, tanto para el negocio como en términos de evaluación del equipo. Aunque algunos empleados calcularon mejor que otros sus logros, sólo uno de ellos le dio a Brian explicaciones inmediatas.

Como Harrison no solía pasar mucho tiempo en el restaurante, repartiendo comida a domicilio, Brian tenía que confiar tan sólo en la autoevaluación que el mismo Harrison le aportara. Lo que parecía raro es que sus informes eran siempre exactamente iguales, sin ninguna historia y anécdota que los avalaran.

El sábado por la noche, a mitad del servicio más o menos, Brian llamó a Harrison en una pausa entre entregas.

—¿Cómo va el tema de la satisfacción de los clientes? –Brian volvió a evitar el tema de las *sonrisas*.

Sin ni siquiera pensarlo, el repartidor espetó:

—Bien, de verdad que muy bien.

—¿Alguna cosa específica?

—Pues no, nada remarcable –dijo el repartidor rascándose la barba–. Todos los clientes han quedado felices como perdices. Hasta he conseguido que uno se parta de risa.

—¿Y cómo ha sido eso?

—No me acuerdo. Creo que he dicho algo divertido.

—¿Y qué tal las propinas?

—Normales, como siempre.

—Pues qué mal, ¿no? Patty y Jolene han tenido más propinas esta semana. Incluso Carl las ha aumentado.

Harrison miraba para otro lado.

—Psé, bueno, supongo que el reparto a domicilio es diferente.

Brian respiró hondo y presionó un poco más.

—Dime la verdad, Harrison. ¿Tú realmente te crees esa historia de marcar la diferencia en la vida de las personas?

Harrison miró a su jefe a los ojos para ver si estaba hablando en serio y, al ver que sí, que hablaba en serio, admitió:

—En realidad me parece que es una soberana gilipollez. Soy un puto repartidor de pizzas que conduce un Chevy Impala de 1992. Entiendo que con que la gente reciba la comida que ha encargado es suficiente. No hay nada más que esperar de mi trabajo. Lo mío no es precisamente ciencia espacial, y desde luego este trabajo no puede ser el centro de mi vida.

Brian asintió y, sin un ápice de ganas de juzgar, preguntó:

—¿Y por qué lo haces?

Harrison se echó a reír.

—Porque no me pagan por hacer *snowboard* y no consigo un empleo en la patrulla de esquí.

Ahora la conducta de Brian cambió un poco.

—De acuerdo, Harrison. La cosa es así: ya sé que este restaurante y tu trabajo en concreto no son la alternativa más atractiva y excitante del mundo. Pero si estás aquí, tienes que formar parte activa de todo esto. Es tu obligación hacer tu trabajo lo mejor posible por ti mismo, por tus compañeros y por los clientes mismos.

Harrison no parecía convencido y Brian tuvo que seguir.

—Oye, entiendo tu situación. Sé que parece una tontería porque para ti éste es sólo un medio para ganar un poco de dinero y poderte pagar el alquiler y salir de copas de vez en cuando. No te estoy forzando a que me compres la moto como si fuera un tesoro.

El repartidor miraba su jefe a los ojos, parecía entender lo que le decía. Así que Brian acabó diciendo:

—Pero no puedo dejar que trabajes aquí si esto no te gusta nada.

Harrison asintió lentamente con la cabeza.

—Está bien. Lo pillo. Voy a hacerlo mejor.

Brian sabía que el repartidor aún no estaba del todo comprometido con el equipo, pero sabía que debía darle un poco de tiempo para conseguirlo. Decidió concederle una semana más para ver si Harrison podía comprometerse. No iba a necesitar tanto tiempo.

LA CONFRONTACIÓN

El jueves por la noche el restaurante estaba inusualmente repleto. Bullía la actividad y el equipo parecía ir a un ritmo dos veces más rápido que el habitual en los días anteriores.

Y sonó el teléfono. Tristán contestó, escuchó unos segundos y luego le tendió el teléfono a Brian, que estaba cerca.

—Creo que deberías atender esta llamada, jefe.

Durante los siguientes cinco minutos, Brian estuvo oyendo cómo un visiblemente irritado cliente, con una voz en cierto sentido familiar, se quejaba de que había recibido su pedido tarde y ya frío. Brian se disculpó tanto como fue necesario para calmarlo y le aseguró que se le reembolsaría el importe del pedido.

Entonces le pidió al cliente que le pasara al repartidor para que pudiera decirle que le devolviera el dinero.

—Se ha ido hace unos cinco minutos.

Brian se quedó desconcertado.

—¿Que se ha ido? ¿Y qué le ha dicho respecto al problema?

—Bueno, cuando le he dicho que no le podía dar propina, me ha dicho que la culpa no era suya, sino de los chicos de la cocina, que iban atrasados. Y que yo no podía castigarlo por los errores de los demás. Luego se ha ido.

Brian le aseguró que no sólo le iban a devolver el importe del pedido, sino que le mandarían un cupón para una pizza gratis y que se lo llevarían esta misma noche a la puerta de su casa; también le comentó que haría todo lo que estuviera en su mano para que no volviera a pasar una cosa así nunca más. El cliente, ahora más calmado, le dijo que no quería que le devolvieran el dinero ni un cupón de pizza, sólo avisar de la queja, y que le agradecía que hubiera intentado resarcirlo.

Diez minutos más tarde, Brian vio a Harrison por la cocina, dado que había entrado por la puerta de atrás. Lo llamó de inmediato y le dijo que quería hablar con él fuera del restaurante.

Brian no dudó:

—He recibido una llamada de un tipo de Beresford Place.

Harrison no lo dejó ni acabar la frase:

—Mira, el tío ése es un capullo. El pedido lo sacaron un poco antes de que yo me lo llevara, así que estaba bastante frío incluso antes de que yo llegara. Para colmo he pillado tráfico en la zona del casino. ¡Pero el tío ha reaccionado como si el puto mundo se estuviera acabando!

A Brian le parecía mentira lo que estaba escuchando.

—Tú no quieres este trabajo, ¿verdad?

—Sí que lo quiero. Lo que no me gusta es tener que tratar con gente como ésa. A ver, ese tío vive en un pedazo de mansión de tres plantas y no me quiere dar propina porque la comida no está bastante caliente. ¿No sabe lo que es un microondas? Y tiene la menor idea de cuánto dinero…

Brian lo paró en seco:

—Harrison, ¿tienes claro qué es una propina? –Y sin esperar respuesta, contestó él mismo–. ¡La recompensa a un buen servicio! A ese hombre le hemos entregado un mal producto con mala actitud. Ese hombre no nos debe nada. ¡Tienes suerte de que te haya querido dar el importe!

—Me da lo mismo, es un capullo.

—Bueno, mira, ahora vas a ir a su casa, le vas a devolver el dinero y le vas a entregar el cupón. Y luego quiero que me llame y me diga lo contento que está de que hayamos resuelto así el problema y que va a pedirnos comida dos veces por semana el resto de su vida.

—Ni hablar. Ese tío me taladra, y me jodería mucho tener que volver a verlo y tratarlo como si fuera superior a mí.

Brian respiró hondo sacando paciencia para poder seguir hablando de un modo paternal.

—No es que sea más importante que tú, Harrison. Simplemente es un cliente. Con todo lo que has visto, sabrás que lo más probable es que él también tenga un negocio, y si tú fueras un pobre cliente suyo, él tal vez te trataría del mismo modo que nosotros lo vamos a tratar ahora.

—Eso lo dudo mucho.

—Bueno, ser mejor que él es lo primero que vas a hacer, y luego intentarás convertirlo en un cliente fiel.

—Lo siento tío, pero no puedo hacerlo.

—Entonces no podrás trabajar aquí, tío.

Harrison se quedó estupefacto en un momento.

—Pues vale, me largo.

Y con eso, se levantó, se quitó la camiseta corporativa y la tiró al restaurante. Se dirigió a su vehículo, con la chaqueta en la mano y la cabeza muy alta, le quitó al automóvil el cartelito magnético del Gene & Joe y lo tiró al suelo. Sacó el vehículo del aparcamiento, bajó la ventanilla, sacó el brazo y le dedicó a Brian una bonita peineta.

Para su sorpresa, Brian no podía parar de reír. Lo que no sabía es que en menos de una hora iba a estar como una Magdalena.

LA SUSTITUCIÓN

Al volver a entrar en el restaurante, había una minicrisis en marcha.

Cuando entraba en el comedor, vio a un enjambre de gente en torno a una mesa de un rincón. Migo volvía entonces a la barra.

—¿Qué ha pasado?

—Que una niña pequeña ha vomitado los espaguetis en la mesa. Yo pasaba justo por allí cuando ha sucedido.

—Dime que la comida no estaba envenenada.

—No. La madre dice que la niña tiene gripe y se encuentra mal.

Brian se calmó, pero, de repente, se encontró preguntándose por qué no se habría comprado una autocaravana y se había jubilado de verdad y para siempre.

Mientras se dirigía a la barra, vio a Jolene ayudando a Patty con la mesa, poniéndola de nuevo, mientras Tristán corría hacia el lavabo.

—¿Pero dónde vas? –preguntó Brian.

—Tengo metralla del bombardeo.

Brian miró a Tristán desconcertado porque no entendía lo que le estaba diciendo.

—Tengo vómito en los pantalones y me los tengo que cambiar.

Brian no podía sino reírse de la situación. Entonces se oyó cómo Kenny llamaba desde la cocina.

—¡Los pedidos veintidós y veintitrés están listos para llevar!

Normalmente, Brian le habría pedido a Tristán que lo llevara, pero con los pantalones llenos de vómito, no podía llevar cenas a ninguna casa, como era normal.

Así que agarró su chaqueta, se metió en la cocina, tomó las pizzas y dos bolsas de comida y salió por la puerta de atrás.

—Dile a Tristán y a Migo que estaré de vuelta en… –miró las direcciones de los clientes–, en quince o veinte minutos.

Y, saliendo por la puerta, se fue al aparcamiento y sacó su Explorer para entregar los pedidos.

LA BOFETADA

La primera entrega fue en una casa a poca distancia del restaurante, en un barrio de clase media baja lejos de la zona del lago. A pesar del perro baboso y de la oscuridad del porche, la entrega fue rápida y fácil. Brian le dijo a la señora mayor que salió a la puerta que el cerrojo de la puerta de entrada al jardín estaba roto, de manera que cualquiera podía entrar en la propiedad o el perro podría escaparse. La señora pareció sinceramente agradecida por la observación de Brian.

El siguiente pedido era hacia el norte, en una urbanización de difícil acceso. Se perdió un poco y tuvo que parar a preguntar cómo llegar, hasta que encontró a sus clientes, que eran una pareja joven. Tras hacerlos reír anunciando que la comida china había llegado, Brian volvió al vehículo y regresó al restaurante. Había ganado la nada despreciable suma de 5,50 dólares en propinas.

Cuando se acercaba ya al Gene & Joe, Brian recordó que tenía que entregar el cupón de pizza gratis y devolver el dinero al cliente insatisfecho de la noche. Llamó al restaurante para pedirle a Tristán la dirección y la cantidad exacta del importe del pedido y luego siguió en dirección al sur hacia un área residencial en el centro de South Lake Tahoe, a unos 6 km de distancia.

Harrison le había descrito el lugar perfectamente. Era más una mansión que una casa, con tres adornos gigantescos y una majestuosa entrada de ladrillo en forma circular. Brian dejó el vehículo cerca de la entrada y en marcha, y se dirigió a la puerta.

Tras llamar al timbre, se volvió y vio el cartelito magnético del Gene & Joe. «¿Pero qué estoy haciendo?», pensó y rio para sí mismo.

Después escuchó cómo se abría un pestillo. Apareció una mujer de unos treinta años, elegantemente vestida. Antes de que pudiera decir nada, Brian tomó la palabra.

—Hola, soy del Gene & Joe. Esta noche no hemos servido bien su pedido y estoy aquí para devolverles el dinero y regalarles un cupón para pizza.

Antes de responder al ofrecimiento de Brian, la mujer se dio la vuelta y le habló a alguien que se encontraba en otra habitación.

—¡Wiley! Es el repartidor del sitio ese de pizzas.

Luego miró a Brian y le dijo:

—Dejaré que mi marido trate este asunto. Gracias.

Unos segundos más tarde, la puerta se abrió por completo y el hombre de la casa apareció.

—¡Hombre! Gracias por esto pero no era necesario. Ya se lo dije al tipo que me atendió por teléfono.

Brian lo interrumpió con educación.

—Sí, era yo. Sólo quería decirle que sentimos mucho lo ocurrido.

—Oiga, perdone, ¿tiene usted un hermano?

Brian se sorprendió por la pregunta.

—Pues sí, en realidad tengo tres.

—Es que se parece usted mucho a un tipo que conozco que se llama Brian Bailey. He pensado que igual son hermanos.

Y con eso Brian se quedó patidifuso. Después de mirarlo fijamente, vio que el hombre que tenía delante era Wiley Nolan, uno de los abogados que había llevado el tema de la responsabilidad financiera de JMJ durante un fiasco de relaciones públicas años antes.

Brian sonrió.

—No, no soy su hermano. Soy yo mismo.

A Wiley le llevó unos segundos digerir lo que estaba oyendo.

—¿Brian? –Volviéndose a su mujer, que estaba de pie detrás de él, dijo—: Cariño, éste es el director ejecutivo de aquella compañía que defendimos hace años. Pero Brian, ¿qué coño haces repartiendo pizzas?

Brian hizo todo lo que pudo para no parecer incómodo con la situación. Lo cierto es que estaba pasando un mal rato.

—Bueno, es una larga historia. En resumen, dejé la compañía, me jubilé y ahora estoy con este pequeño restaurante para poder dedicarme a algo y no aburrirme. Me lo he tomado como un proyecto personal.

—Increíble…

La reacción de Wiley fue poco entusiasta y Brian sintió la punzada de la superioridad. Incluso la mujer de Wiley se unió a la conversación.

—Apuesto a que te estás divirtiendo.

—En realidad me lo estoy pasando bien. Y estoy aprendiendo mucho.

Brian quería cambiar de tema como fuera.

—¿Sigues en contacto con Rick Simpson?

Brian rezaba para que Wiley le dijera que no. Pero no fue así.

—Pues claro. De hecho, estuve comiendo con él hace unos meses y le debo una llamada.

Brian estaba desesperado por largarse de una vez.

—Bueno, tengo que irme. Me ha gustado verte de nuevo, Wiley –miró hacia la esposa– y de conocerte a ti.

—Me llamo Shirley.

—Shirley, ok. Mi mujer y yo vivimos cerca de Evergreen Terrace. Podríamos quedar algún día.

—Sería estupendo. Ésta es nuestra casa de vacaciones, pero estaremos por aquí todavía un mes más. Llámanos.

Brian estaba seguro de que lo decía con la boca pequeña.

Cuando la puerta se cerró, Brian se encaminó hacia su vehículo, tomó el camino de salida y se metió en la carretera a toda prisa, hasta que estuviera fuera del campo de visión de la mansión. Luego detuvo el automóvil en el arcén y apoyó la frente en el volante. «¿Pero qué narices estoy haciendo?», pensó.

EL CONSUELO

Ya tarde, tras cerrar el restaurante al público y calmarse un poco, Brian se fue a casa y le explicó su estado emocional a Leslie.

—Ni te imaginas lo humillado que me sentí; es más, creo que pretendían humillarme. Y es que no fui capaz de explicarles lo que estaba haciendo ni por qué lo hacía.

—¿Por qué no?

—No lo sé. Supongo que pensé que no lo entenderían de ningún modo. ¿Y qué me importa si lo entienden o no? Yo creo que una parte de mí disfruta con la simplicidad del Gene & Joe y con la gente que trabaja allá.

Leslie sólo escuchaba.

—Y de repente me encuentro con esos dos, salidos de la nada, y me recuerdan mi otra vida. Una vida en la que no había niñas pequeñas vomitando espaguetis ni adolescentes horribles tratando de pedir cerveza por teléfono con identidades falsas, ni tíos sin camiseta haciéndome la peineta.

—¿Quién te ha hecho la peineta?

—Harrison, el repartidor de pizzas, pero ésa es otra historia. En fin, creo que me han pillado fuera de combate esta noche.

Hizo una pausa para recomponerse.

—Y tengo que admitir que no me hace ninguna gracia que Wiley Nolan conozca a Rick Simpson. Se van a cachondear de mí en sus conversaciones.

Leslie ya no se pudo contener más.

—Bueno, tú déjame hablar con Rick Simpson, que tengo un par de cosas que decirle. La verdad es que sigo sin entender por qué sigues hablando con él de tanto en tanto.

Brian se echó a reír.

—¿Qué te hace tanta gracia? –preguntó Leslie.

—Es que pareces mi madre. Como si yo fuera un niño de quinto al que le ha pegado el bravucón de la escuela.

Ambos rieron y el ambiente se calmó. Entonces Brian se explicó:

—Me parece que estoy un poco superado por todo lo que me ha pasado esta noche. Pero estoy bien. Además, tengo problemas más importantes de que preocuparme antes que de Rick Simpson. Tengo que encontrar urgentemente un repartidor de pizzas.

Entonces sonrió y le explicó a su mujer la escena con Harrison. Leslie no se perdió ni una sola palabra. Por último, cansados y sorprendidos por el inesperado estado de sus actuales vidas, los Bailey se fueron a la cama.

Y LLEGÓ EL VIERNES POR LA NOCHE

A pesar de haberse convertido, de la noche a la mañana, en repartidor de comida a domicilio, Brian fue al trabajo con buen humor después de su incidente con Harrison. De hecho, estaba dispuesto a seguir repartiendo comida si era necesario, hasta solucionar el problema. Brian tenía una misión marcada y no iba a dejar que su orgullo lo alejara de ella.

El viernes por la noche empezó con mucho trabajo, y parecía que la cosa no iba a relajarse. Tristán y Brian compartieron la responsabilidad de los repartos y se alegraron al ver que, entre los dos, las entregas fueron rápidas y sin incidentes. Pero el comedor era otra historia.

Jolene y Patty corrían como desesperadas cocina adentro, cocina afuera, durante toda la noche, con Tristán y Migo zambulléndose cuando podían. A las ocho, cuando por lo general empieza a bajar el ritmo, el local estaba aún repleto. Brian ya se había acostumbrado a las oscilaciones del Gene & Joe. Tan pronto como se desataba la locura, desaparecía con idéntica rapidez.

Hacia las 8:55, la única mesa que aún estaba ocupada pagó su cuenta y los clientes se marcharon. En cuanto la puerta se cerró tras ellos, el equipo entero suspiró profundamente y se sentó a recuperar el aliento. Brian echó un ojo a las facturas y vio que había sido una buena noche para el negocio. Estaba deseando contárselo a Joe.

Pero pasó algo que sería un auténtico examen para Brian y para todo el equipo. Todo empezó con un grito de Joaquín:

—¡Autobús! ¡Autobús!

Y con ese grito empezó la habitual cadena de reacciones. Tristán y Migo empezaron a subir las sillas a las mesas. Carl apagó las luces. Jolene y Patty quitaron los últimos platos de las mesas.

El bus se acercó lo suficiente como para ver al equipo, por eso se escondieron todos en sus rincones. Brian percibía la ansiedad del equipo e incluso empatizaba con ellos un poco. Sabía que ése era el momento de la verdad.

En cuanto un padre de los jugadores de baloncesto se bajó del autobús, los empleados aguantaron la respiración. Entonces Brian entró en acción.

Encendió todas las luces para horror de los empleados. Se fue hacia la puerta, la abrió de par en par e invitó a los hambrientos pasajeros del bus a entrar en el local.

Cuando se dio la vuelta, el equipo estaba sin palabras, completamente estupefacto. Brian les habló entonces.

—Venga chicos, tenemos un bus lleno de clientes hambrientos. Si no me equivoco, hoy han perdido el partido y necesitan bastantes mimos. Ya sé que es tarde, pero toca aguantarse. Vamos a darles lo mejor de nosotros mismos e intentemos pasarlo bien.

Poco a poco, los miembros del equipo fueron saliendo de sus escondites para preparar el restaurante para los clientes del autobús. Aunque al principio no estaban en absoluto entusiasmados, en cuanto empezaron a entrar clientes el ánimo general cambió. En diez minutos el comedor estaba listo, justo como una hora antes, y el equipo recuperó el empuje. Brian se sentía orgulloso de ellos.

Hacia las 10:15, el último animador del Lakeview High School Club se había ido, y el equipo necesitaría treinta minutos más para limpiar antes de cerrar el local. En ese momento Brian tuvo una idea.

Como cualquier tipo de resentimiento contra él parecía haber desaparecido a los pocos minutos de volver al trabajo, Brian quiso demostrar al equipo cuánto lo apreciaba. Se fue a la cocina y empaquetó toda la comida extra –suficiente pizza, pasta y salsas varias para cinco pedidos– y se fue diciendo:

—Vuelvo enseguida.

Nadie sabía dónde iba ni qué hacía con comida para llevar.

Veinte minutos después, Brian regresó con dos bolsas diferentes a las que se había llevado antes. Se dirigió a las mesas y empezó a desenvolver lo que había dentro de las bolsas.

—¿Qué llevas ahí? –preguntó Jolene.

—Comida –respondió Brian sin emoción alguna.

Uno a uno, los miembros del equipo se fueron acercando.

—Llama a los chicos de la cocina –le dijo Brian a Tristán.

En los siguientes minutos, todo el equipo estaba alrededor de Brian, contemplando suficiente comida china y mexicana como para unas diez personas.

De todos era sabido que el equipo, al pasarse tantas horas entre pizzas y pasta, comían de todo menos de eso.

—¿De dónde has sacado esa comida? –preguntó Migo.

—He ido al Mandarin Palace y al Pablito's y les he llevado unas bolsas con nuestra comida. ¡Se les saltaban las lágrimas!

Brian sabía que la perspectiva de cenar comida italiana, la misma que tienen que cocinar y servir cada día durante horas, no se iba a considerar un premio, sino un castigo. Y también pensó, de manera acertada, que lo mismo les debía pasar a los equipos de otros restaurantes.

En los siguientes cuarenta y cinco minutos, Brian y su equipo se pusieron las botas con un extraño menú medio chino, medio mexicano, al que denominaron «comida chixicana». Con permiso del jefe, tomaron cerveza y vino, aunque moderadamente, porque la mayoría tenía que conducir para volver a casa.

La conversación, durante la cena, tuvo que ver con lo interesantes que habían sido algunos clientes de esa noche, con la marcha de Harrison y sobre la necesidad de tener diferentes tipos de cerveza en el restaurante. Tal vez por estar comiendo menús de otros locales, algunos hablaron sobre sus respectivas experiencias en otros restaurantes.

Todo ello fascinó a Brian por diversos motivos. Primero porque, aunque muchos de ellos parecían haber sido muy desgraciados en sus otros empleos, parecían resignados a tener que trabajar siempre en el sector de la hostelería.

En segundo lugar, y lo más importante para Brian, era la primera vez que oía a su equipo hablar de sus experiencias fuera del Gene & Joe. Aparte de algún comentario suelto sobre una novia, un problema con el automóvil o la última película que alguien había visto, los empleados no hablaban nada sobre sí mismos, y menos sobre cuestiones personales.

Aunque Brian no estaba seguro, sintió que este problema era uno de los factores de insatisfacción con el trabajo. Se propuso averiguar cómo solucionarlo.

ANIVERSARIO

El lunes por la noche se cumplió el aniversario del segundo mes en el Gene & Joe y, para celebrarlo, Leslie se llevó a su marido a cenar fuera. Tras descartar de inmediato cualquier restaurante italiano, Leslie sugirió un tailandés en el lado californiano de South Lake Tahoe.

Brian prometió que no hablaría de trabajo, recordando la conversación que tuvieron en Napa.

—Mira, hace seis meses estábamos en el Tra Vigne hablando sobre tu jubilación mientras cenábamos.

—¿Fue exactamente hace seis meses?

Leslie sonrió.

—Sí. Y si me hubieras dicho que hoy estaríamos aquí celebrando tus dos meses como gerente de ese restaurante italiano cutre, me hubiese echado a llorar.

Ambos rieron.

—Lo siento, Les. Sospecho que no tiene que ser muy divertido estar casada conmigo.

—¡Qué dices, hombre! Eres toda una aventura, no te cambiaría por nada.

Pasaron la mayor parte de la cena hablando de los hijos, de la cabaña y de su próxima aventura con motos de nieve. Finalmente, fue Leslie quien sacó el tema del trabajo.

—Así, ¿te parece que las cosas te van bien en el restaurante?

—Bueno, aumentan los beneficios y también las propinas. Creo que este mes va a ser estupendo.

Leslie sonrió.

—No me refiero a eso, sino a tu experimento sobre el sufrimiento laboral.

Recolocando sus engranajes mentales, Brian se tomó un instante para pensar al respecto.

—Bueno, supongo que ahora mismo estoy a medio camino de conseguirlo.

—¿Te refieres a medio camino en términos de tiempo?

—No. No sé el tiempo que me va a llevar. Me refiero a poder demostrar mi teoría.

—Me parece que en alguna ocasión has comentado que parecían disfrutar un poco más de su trabajo que antes.

—Sí, eso creo. Pero no sé hasta cuándo les va a durar ni si es cuestión de tener un jefe nuevo con ideas distintas. Por todo lo que sé, es una reacción normal cuando aparece una persona nueva en el equipo.

Leslie negó con la cabeza.

—A ver, a ver, un momento. ¿Insinúas que si llega un jefe nuevo, absolutamente gilipollas, al equipo le empieza a gustar su trabajo? Venga, hombre, te tenía por más listo. No me quieras hacer creer que no tienes nada que ver en el ánimo del equipo.

—Vale, vale. No puedo afirmar algo que es en sí mismo insostenible. Pero siento que aún me estoy perdiendo algo, que hay algo que se me escapa, y si no puedo averiguar qué es antes de volver a bajarles el salario, mi oportunidad para probar mi teoría habrá desaparecido para siempre.

—¿Por qué no me hablas de tu teoría?

—¡Uf, creí que nunca me lo preguntarías! –dijo Brian riendo.

INCONMENSURABLE

Mientras la pareja tomaba el postre, Brian se explicó.

—Bueno. Te pido que me pares los pies si digo algo que parezca falso. En realidad necesito estar seguro de que todo esto tiene sentido.

Leslie levantó la mano como diciendo «lo prometo».

Brian empezó.

—La primera parte de mi teoría la tengo muy clara. Básicamente dice que cualquier trabajo está condenado a producir infelicidad si no se puede cuantificar.

Leslie frunció el ceño.

—¿De dónde has sacado eso?

—Bueno, mi abuelo me lo dijo cuando yo era pequeño y luego lo fui aplicando a cada trabajo que iba teniendo.

Leslie tenía la boca llena de helado, pero movió la cabeza para que su marido prosiguiera.

—Solía decirme que si no puedes medir de algún modo lo que estás haciendo, acabas perdiendo interés. Y creo que tenía toda la razón.

Leslie lo comprendía pero hizo una pregunta.

—Ya, pero es que no acabo de ver la relación.

—Veamos, si una persona no tiene forma de saber si está haciendo un buen trabajo o no, incluso si está haciendo algo que le gusta, acaba frustrado. Imagina un jugador de futbol que no puede saber cuándo marca goles. O un bróker que no pueda saber si los precios de sus acciones suben o bajan.

—¿Pero eso puede pasar en la realidad?

—Bueno, en las situaciones que he puesto como ejemplo no, claro. Pero pasa en muchísimos trabajos.

—Ponme un ejemplo real. –Leslie se mostraba más enérgica que de costumbre porque había prometido que reaccionaría ante todo lo que no fuera convincente.

—Muy bien. –Brian pensó un instante–. Imaginemos que a Lynne la contratan en el hotel de South Lake Tahoe y trabaja en recepción.

—Vale, sigue.

—Cada día va al trabajo, recibe a los clientes, les da las habitaciones, les da las llaves, toma sus tarjetas de crédito, da la salida a los clientes que se van. Todo eso estará bien los primeros días, quizás las primeras semanas. Le parecerá bien mientras sienta que está aprendiendo cosas nuevas, que tiene retos. Después de un tiempo haciendo lo mismo, una y otra vez, se cansará. Entrará en un círculo vicioso. No habrá progreso por ninguna parte.

—Parece como ser mamá: lavar la ropa, hacer la comida, limpiar la casa…

—Sí, pero no es sólo un problema de monotonía, es la ausencia de contrapartidas.

—Bueno, ése, en muchas ocasiones, también es el problema de ser madre. No ves las contrapartidas.

Brian negaba con la cabeza.

—Bueno, creo que tengo que explicarme mejor. No estoy hablando de contrapartidas por parte de las demás personas, en plan «palmaditas en la espalda». Es más que eso. Yo estoy hablando de evidencias objetivas que te informan de que estás haciendo las cosas bien. Incluso los trabajos más excitantes se vuelven insufribles cuando no hay forma de cuantificar los progresos.

—Creo que voy a necesitar otro ejemplo.

Brian miraba al suelo mientras pensaba en un ejemplo.

De acuerdo. Vamos a pensar en Hollywood. ¿Te has preguntado alguna vez por qué la gente que se dedica al negocio del cine puede odiar su trabajo?

—¡Pero qué dices! A todo el mundo le gusta tener un trabajo en Hollywood.

—¿Has conocido alguna vez a alguien que trabaje en el negocio del cine?

Leslie pensó un momento y negó con la cabeza.

—¿Y tú?

—Claro. ¿Te acuerdas de Hunter Knox? Estaba en mi clase, en el instituto. Es productor de cine y le va bien. En fin, hablé con él durante una reunión hace un par de años y me dijo que trabajar en eso es horroroso. Todo el mundo se queja de ese trabajo.

—¿Y te explicó por qué?

—Sí. Dijo que era un tema muy subjetivo. Todo se basa en la opinión de alguna otra persona, y muchas de las opiniones son divergentes. No hay un sentido real del progreso y del éxito.

Leslie frunció el ceño.

—¿Y los premios y el *share*?

Brian negó con la cabeza.

—Le pregunté lo mismo que tú y me dijo que para cuando se pueden calcular los *Shares* de pantalla o hacer un recuento de taquilla, han pasado muchos meses desde la finalización de un proyecto. Además, los premios en sí mismos son muy subjetivos.

—Claro, eso explica las extrañas nominaciones y premios que se otorgan a veces en los Oscar o los Emmy.

—Vamos a dejar Hollywood por un momento, porque no se trata de un sector concreto. Ya seas un médico, un abogado, un conserje o un presentador de concursos, si no tienes un modo de medir de vez en cuando tu propio trabajo, te vas a casa por las noches preguntándote si tu jornada laboral ha servido para algo.

La idea empezaba a tomar forma en la cabeza de Leslie.

—Cuando ejercía de maestra me gustaba corregir exámenes. El resto de profesores lo odiaba pero a mí me gustaba llegar a casa y ponerme a corregir porque así veía si los chavales estaban aprendiendo lo que yo les enseñaba.

—Vale. ¿Y el resto de profesores cómo sabían si estaban teniendo éxito con su modo de enseñanza?

Leslie entornó los ojos.

—Bueno, muchos decían que como ellos lo intentaban con todas sus fuerzas y ponían tanto interés en los niños, se suponía que lo estaban haciendo bien.

—Apuesto a que un buen profesor nunca dice eso.

Leslie se quedó pensativa.

—No, sólo un mal profesor puede pensar así. ¿Pero por qué?

—Porque la gente que no está a gusto en su trabajo no quiere cuantificarlo; si puede medir sus progresos se sentirá cuestionado. Sin embargo, los buenos trabajadores adoran medir sus logros. Los anima. ¡Pobres de los que huyen de eso!

—¿Los empleados de JMJ se autoevaluaban mucho?

Brian se echó a reír.

—Claro que sí. Pero no lo cuantificaban todo. No los sometíamos a un mar de burocracia por cada pequeña actividad. ¿Te he hablado alguna vez del ISO 9000?

—¿Qué es eso? –preguntó Leslie negando con la cabeza.

—Olvídalo, es una historia tan larga como aburrida y llevaría un montón de tiempo porque era una forma de medir los beneficios. La clave, en JMJ, siempre fue medir las cosas adecuadas. Si te pones a medir cosas inútiles o equivocadas, la gente pierde interés.

—¿Y cómo sabes cuáles son las cosas adecuadas?

Brian sonrió.

—Creo que lo he averiguado esta última semana.

IRRELEVANCIA

Brian ahora estaba muy animado.

—La segunda causa de desgracia en el trabajo es la irrelevancia, esa sensación que tienes de que tu trabajo no tiene impacto alguno en la vida de los demás.

—¿Qué tiene eso que ver con la medición?

—Te lo explico en un momento. Primero deja que te cuente lo que quiero decir con eso de la relevancia.

Leslie no le dejó acabar.

—Lo que quieres decir es lo que hace un médico cuidando de sus pacientes o un bombero que ayuda a la gente a bajar los gatos de los árboles.

Brian volvió a negar con la cabeza.

—Ésos son los más obvios –entonces le preguntó directamente–: ¿Pero qué pasa con los otros trabajos? Los menos atractivos, como un vendedor de automóviles, los programadores informáticos, los recepcionistas.

Ella lo interrumpió sonriendo.

—El gerente de un restaurante…

—¡Ay! –Brian rio–. ¿Cómo se puede marcar la diferencia en la vida de los demás?

Leslie reflexionó y fue respondiendo mientras pensaba en voz alta.

—Veamos, el profesor ayuda a sus alumnos. El gerente de un restaurante ayuda a los clientes a conseguir comida.

Brian la interrumpió.

—No, no y no. No estoy esperando una respuesta específica. Porque no hay ninguna. En realidad depende de la situación y de cada tipo de trabajo y, por encima de todo, de la persona.

—Vale, perfecto. Me acabo de perder.

—Sí, normal, yo también me pierdo conmigo mismo. Vamos a volver a lo fundamental. Cada ser humano que trabaja debe saber que lo que hace le va a servir a algún otro ser humano. No en términos del sueldo que se lleva uno a casa. En realidad, estoy hablando del trabajo que hace. En cierto modo, su trabajo debe marcar alguna diferencia en la vida de otro.

Leslie escuchaba con mucha atención, expresando su acuerdo pero con perplejidad, incluso con cierto disgusto en su cara.

—¿Qué pasa? –preguntó Brian.

—¿Qué quieres decir?

—Quiero decir que me miras raro. ¿Lo que digo no tiene sentido?

Dudó por un momento.

—No, no, todo tiene sentido. Es sólo que me cuesta pillarlo. No te lo tomes a mal.

—Bueno, pues sigo.

Para sorpresa de Leslie, Brian no sólo no se lo tomaba a mal, sino que se iba animando por momentos.

—¡Es que es completamente obvio! ¡Totalmente, vamos!

Leslie se echó a reír con la excitación de su marido.

—¿Por qué te apasionas tanto?

—Porque con todo lo obvio que es, nadie lo pone en práctica. ¡Está ridículamente claro y, aun así, no hay gerentes que se tomen el tiempo necesario para hacer entender a su gente que su trabajo es importante para otras personas!

Ahora Leslie quiso dar una vuelta de tuerca.

—¿Es responsabilidad de los trabajadores suponerlo?

Brian la miró con los ojos abiertos como platos. No se lo podía creer.

—Pues no, es responsabilidad del gerente.

—No sé. –Ahora Leslie estaba haciendo la mejor actuación de su vida–. A mí me parece que si los propios empleados no son capaces de verlo por sí mismos, entonces ni siquiera merecen el trabajo que tienen.

Brian no sabía ni cómo reaccionar. Su mirada parecía decir «¿Pero quién es esta tía horrible?». Al final comenzó a hablar en un tono frustrado, si no sentencioso.

—Leslie, si un jefe tiene alguna responsabilidad en este mundo es la de ayudar a su equipo a comprender por qué su trabajo es importante. Y si no creen que ése sea su papel, entonces *son ellos* los que no merecen el trabajo que tienen. Quiero decir que… ¿no te parece que cada ser humano merece saber qué diferencia es capaz de marcar?

Leslie empezó a reír a carcajadas, lo que molestó claramente a Brian.

—¿Qué te hace tanta gracia?

Cuando se le pasó el ataque de risa, pudo decirle:

—Lo siento, sólo te estaba poniendo a prueba. Estaba intentando ser dura contigo, a ver cómo reaccionabas.

A Brian le costó unos segundos comprender la situación.

—Ah, vale –sonrió a su mujer–. Entonces, ¿te parece que lo que digo tiene sentido?

—Pues claro que tiene sentido, hombre. ¿Quién te lo podría discutir? Lo único que no entiendo es cómo los jefes, todos, no ponen en práctica este aspecto tan importante.

—Ésa es una buena pregunta. Y tiene varias respuestas. –Brian había reflexionado mucho al respecto–. Algunos de ellos no creen que el trabajo de sus empleados, e incluso el suyo propio, sea importante para nada. Han ido creciendo sin expectativas de trabajo, como sus padres y sus abuelos lo hicieron antes. Y no son capaces de pensar de otro modo.

Leslie lo comprendía.

—¿Y qué más?

—Puede que te parezca raro, pero creo que hay un montón de directivos que se sienten mal sólo de pensar que tienen que hablar con sus empleados de estas cosas. Les parece que es cosa como de críos, que se ponen paternalistas, como el adulto que se sienta con un niño para explicarle el sentido que tiene lo que está haciendo.

Ahora Leslie estaba pensando en algo concreto.

—¿Sabes? Incluso cuando estaba ejerciendo la docencia, y haciendo de voluntaria en la iglesia, nadie nos habló nunca de este tipo de cosas. Parecía que estuviera implícito y jamás se discutió realmente. Y, para ser honesta, no creo que nadie se viera a sí mismo marcando la diferencia en la vida de otros.

Pensó en la situación por un momento.

—Y no puedo creer que esté diciendo esto, pero no creo que mi nivel de satisfacción, en la escuela o en la iglesia, fuera mayor que el tuyo en ese restaurante.

Brian ahora pegó un salto en su silla.

—Esto es flipante. Jugadores de fútbol profesional, directivos, políticos. Todo el mundo piensa que esa gente adora sus trabajos pero se siente tan miserable como cualquier obrero no cualificado porque desconoce el impacto real que su labor tiene sobre otras personas, su sentido real, lo que marca una diferencia tangible en las vidas de los demás. Y basándome en la gente que conozco en esos campos, la mayoría es así. He visto mucha infelicidad en el trabajo.

—¿Algo más?

Brian no sabía a qué se refería.

—¿Algo de qué?

—Alguna otra razón para que los directivos se comporten así.

—Ah, sí. Vale. Creo que hay una más y es bien compleja. Creo que los directivos se asustan o se avergüenzan de admitir que ellos mismos son las personas sobre las que más impacto tiene la labor de sus empleados.

Leslie se hizo un lío.

—¿La vida de quién? ¿De los directivos?

—Sí. Para muchos empleados, el jefe es la persona cuya vida impacta, pero un directivo jamás reconocerá una cosa semejante porque le parecerá elitista. Pretendiendo que esta premisa no sea cierta y así, irónicamente, acaba dejando a los empleados preguntándose para qué sirve lo que están haciendo.

Leslie tuvo una epifanía.

—Pues eso es lo que me pasó a mí en mi primer año como docente, cuando fui ayudante de profesor. Emma Riley me decía que mi función era ayudar a los alumnos. Luego se sentía culpable cuando me tenía haciendo cosas sólo para ella y yo me sentía mal porque no trataba con los alumnos ni hacía nada por ellos. Entonces, un día me dijo: «Cuando me ayudas a mí, estás ayudando a los alumnos de manera indirecta, y eso marca la diferencia».

—Yo tengo un chico joven en el restaurante en la misma situación. Se llama Migo.

—Ese chico te cae bien, ¿verdad?

—Es un chaval estupendo. Pero su trabajo es muy difícil de determinar. Hace de todo y no hace nada en concreto. Un día me di cuenta de que a la persona a la que más ayuda con su presencia es a mí, porque siempre está ahí para que le pida cualquier cosa. Si no fuera por él, mi trabajo sería muy estresante. Así que, ¿sabes que he hecho?

—¿Qué?

—Hablé con él y le dije exactamente esto: «Migo, si no fuera por ti, mi trabajo sería puro estrés. Tú marcas la diferencia en mi trabajo diario y eso me hace una persona más feliz».

—¿Y qué te dijo?

—Sonrió, me dio las gracias por decírselo y empezó a llegar al trabajo antes e irse incluso más tarde que antes. Con eso me recuerda lo importante que es y la calidad humana que tiene para hacer una cosa así. Ambos estamos en un bonito círculo muy auténtico.

Leslie estaba completamente imbuida en la conversación.

—Bueno, volvamos a la teoría otra vez. La desventura llega cuando el trabajo no es cuantificable.

Brian corrigió a Leslie.

—Bueno, yo lo llamo inconmensurabilidad, pero está bien como lo dices.

Leslie se burló de su marido un poco.

—No sé yo si esa palabra es la más adecuada…

—Lo es, lo es.

Ambos rieron y ella continuó.

—La infelicidad en el trabajo, en primer lugar, se debe a la inconmensurabilidad. ¿Y en segundo lugar?

—Irrelevancia.

—Inconmensurabilidad e irrelevancia. ¿Y eso cómo lo explicas?

—No lo explico. No es necesario. Está muy claro.

—Todo esto es muy simple, ¿no?

Brian suspiró profundamente.

—Es tan simple que es frustrante. Hay miles de asesores corriendo por el mundo intentando suponer cómo conseguir más *stock options*, sillas más ergonómicas, aunque las que tengan ya estén bien, pero hasta que alguien enseñe a los jefes la importancia de mediar y cuantificar sus trabajos, nada podrá mejorar de manera efectiva. La verdad es que es un círculo vicioso de lo más insano.

—Vale, vale. Vamos a dejarlo aquí, predicador. ¿Cómo se relaciona la medición y la relevancia?

—La gente debería pensar en medir todas aquellas cosas que marcan la diferencia en la vida de las personas a las que sirven. Si tú existes para ayudar a los alumnos, mide algo que tenga relación con eso. Si lo que haces es ayudar a tu jefe, encuentra el modo de medirlo. Y si tratas directamente con clientes…

—Mídelo también. Lo pillo. Sigamos.

Leslie ahora disfrutaba con su papel de entrevistadora.

—Bueno, hasta la semana pasada pensaba así. Pero ahora me parece que hay algo más.

Silencio.

—¿Me lo vas a decir o no?

Brian se hizo el remolón.

—No. No quiero aburrirte. Ya lo hablaremos en otro momento.

Leslie entendió que, por algún motivo, su marido estaba evadiendo el tema. Tomó un cuchillo entre sus manos y, apuntándolo directamente, le dijo:

—Me lo vas a decir ahora mismo.

ANONIMATO

Brian bromeaba, evidentemente, cuando le comentó a su mujer que no le iba a explicar la última parte de su teoría.

—No vamos a hablarlo de inmediato. Primero nos vamos, damos un paseo en automóvil y entonces te lo cuento.

—¿Cómo? ¿Estás hablando en serio?

—Sí, confía en mí –repuso sonriendo.

Pagaron la cuenta, se subieron a su Explorer, condujeron unos quince minutos y llegaron al aparcamiento de lo que parecía ser un almacén. Había bastantes vehículos, no precisamente bonitos, aparcados alrededor del edificio.

—¿Qué es esto? –preguntó Leslie.

—Ahora lo vas a ver.

Salieron del automóvil y se metieron en el edificio, que no era ninguna fábrica, sino una especie de estadio pequeño con césped artificial en el suelo. En el «campo» había doce hombres jóvenes, la mayoría hispanos, jugando al fútbol. Sentados en unas gradas de tres filas, había mujeres y niños, así como personas mayores, que estaban atentos tanto al partido como a los niños.

—Brian ¿qué estamos haciendo aquí? –preguntó Leslie con interés pero sin impaciencia.

—¿Ves al chico de la camiseta naranja? ¿Y al otro, bajito, con camiseta amarilla?

Leslie asintió.

—Son Migo y Salvador, del restaurante. Juegan en esta liga los lunes.

—¿Y tiene algo que ver con tu teoría?

—Claro que sí –asintió Brian.

En ese momento, Migo vio a Brian y a Leslie y los saludó con la mano.

Brian le explicó a su mujer lo que había pasado el sábado por la noche, cuando se fue a conseguir comida de otros restaurantes para cenar con el equipo. Le dijo que, durante esa cena, aprendió muchas cosas sobre sus empleados, más de lo que se hubiera imaginado.

—¿Y el propietario del restaurante sabe esas cosas?

—Joe no sabe casi nada de sus empleados. La mayoría de ellos no sabe nada de los compañeros. Y es una locura por muchas razones. ¿No te parece que eso puede tener mucho que ver con la insatisfacción en el trabajo?

Era una pregunta retórica, pero Leslie la quiso responder.

—¿Quieres decir que es bueno que la gente sepa quién eres fuera del trabajo?

—Básicamente, sí. ¿Cómo va a sentirse nadie bien yendo a trabajar a un sitio lleno de completos desconocidos, sin saber ni cómo se sienten?

Leslie recuperó su papel de entrevistadora.

—Bueno, a mí me parece que Migo y… ¿Cómo se llama el otro?

—Salvador.

—Pues a mí me parece que Migo y Salvador se conocen el uno al otro bastante bien.

Brian aclaró.

—Sí, creo que en este caso es el jefe el que tiene que conocerlos. Los compañeros deben conocerse, pero el jefe es la clave. Cuando recuerdo mi empleo en la fábrica de automóviles, fue Kathryn la que hizo que amara mi trabajo, y tuvo más que ver con el interés que ella manifestó por mí que ninguna cosa específica lo que me conectó con mi propio empleo.

Leslie hizo todo lo posible para volver a la carga.

—¿Pero todo esto no es un poco tocanarices? ¿No se supone que conviene mantener separada la vida personal de la profesional? ¿Por qué debería importarle a un jefe lo que hacen sus empleados fuera del trabajo?

—Porque no tienes que ser una persona diferente en el trabajo. Eso es parte del conjunto de cosas que hacen un trabajo miserable, cuando se pretende ser una cosa diferente de lo que realmente se es. Y eso significa que el jefe necesita saber quiénes son los que están detrás de cada tarea. Les, ¿crees que hay alguna justificación para que un directivo no actúe de ese modo?

Leslie respondió de inmediato.

—Pues claro. Por ejemplo…

Brian la interrumpió para aclararle conceptos.

—Ahora no te estoy preguntando para que te prepares una respuesta que me pille fuera de combate. Ahora lo que necesito es saber tu opinión en serio.

La actitud de Leslie cambió de manera radical.

—¡No, ostras, no! No creo que sea excusa para un directivo no conocer a la gente que trabaja para él. Es propio de toda buena persona.

Estuvieron mirando el partido unos minutos y pudieron observar que Migo, Salvador y su equipo marcaron un gol.

Brian retomó la conversación.

—¿Te acuerdas de aquel camarero tan bueno de aquella cena? El que tenía ortodoncia.

—Sí –afirmó Leslie.

—¿Te acuerdas de lo que nos explicó sobre él su jefe cuando le preguntamos por él?

Leslie lo recordó de inmediato.

—Sí, nos dijo que acababa de llegar a la ciudad, que iba a la facultad y que se acababa de casar.

—¿Te pareció que conocía a sus empleados?

Leslie asintió.

—¿Tú conocías a tu gente en JMJ?

Brian pensó antes de responder.

—Claro que sí. No a cada empleado, uno por uno, porque eso es imposible en una compañía grande. La gente a la que necesitaba conocer era la que trabajaba directamente para mí y con otros que no veía a diario, pero que trataba con regularidad. De alguna manera, con sólo eso, creo que establecí un hábito que los demás también siguieron.

—Bueno, supongo que no has vuelto a poner en marcha toda esa teoría.

Brian negó con la cabeza.

—No, no. Nosotros tratábamos a la gente como seres humanos. Seres humanos que quieren sentirse útiles y quieren que se les conozca.

Leslie sacudía su cabeza.

—¿Y cuál era el problema?

—Pues que resulta increíble que con tanto dinero, tanta tecnología y tanta información que manejan las grandes empresas, no se les ocurra una cosa tan simple y fácil como ésta. Es una locura.

En ese momento sonó el silbato, y antes de que se dieran cuenta, Migo y Salvador corrían hacia ellos.

—¡Eh, jefe! ¿Es ésa tu señora?

Brian les presentó a Leslie y fueron juntos a conocer a la mujer de Migo y a sus hijos, así como al hermano de Salvador. Estuvieron hablando de fútbol, del restaurante, de los niños y de México durante una media hora antes de darse las buenas noches.

Cuando conducían hacia casa, Leslie y Brian hablaron sobre Salvador y Migo, sobre sus familias y sobre lo mucho que habían aprendido de ellos en diez minutos. Ambos se sorprendieron sobre la amplia educación que recibió Migo antes de llegar a Estados Unidos y cómo una persona que estudia ingeniería se ve de repente picando verdura y poniendo mesas en un restaurante italiano de mala muerte. Era una especie de diamante en bruto y nadie se fijaba en él ni en lo mucho que valía.

Leslie hizo la última pregunta de la noche.

—¿Por qué crees que gente como Joe no tiene interés en sus empleados?

Brian se lo pensó un poco.

—Bueno, no quiero juzgar a nadie porque sólo llevo allí dos meses y todavía no lo conozco.

Leslie defendió a su marido.

—Y, además, estás sólo temporalmente.

—Sí, pero tampoco es excusa.

Leslie continuó con su defensa.

—Además, tú conocías a tu equipo en JMJ. Nada de ser mártires. Odio a la gente que va de mártir.

Brian se echó a reír.

—Sí, la verdad es que no sé por qué Joe no se toma el tiempo necesario para conocer a sus empleados.

—Pues yo tengo una teoría –dijo Leslie–. Creo que muchos jefes no saben lo *relevantes* que son.

—¡Anda! Eso parece interesante. Cuéntame más.

—Los jefes tienen que entender que causan un impacto en sus propios empleados. Y si no conocen a quienes impactan ni cómo son sus vidas, ¿cómo van a ejercer un impacto sobre ellos?

—Creo que tienes razón. –Brian se quedó en silencio pensando al respecto–. Creo que es una razón más por la que no lo hacen.

—¿Cómo?

—Eso lleva tiempo. Dirigir a la gente lleva mucho tiempo. En realidad es un trabajo a tiempo completo, no es algo que puedas ir haciendo a ratos. Muchos jefes no encuentran la forma. Entienden que la dirección es una actividad extra, algo que se hace cuando se tiene tiempo, después de otras tareas realmente importantes. Lo último que se les ocurriría hacer es sentarse para hablar con el equipo sobre sus vidas.

—O ir a ver cómo juegan al fútbol.

—Supongo. –Brian se encogió de hombros.

A TODA MÁQUINA

Esa noche marcó un punto de inflexión en el experimento de Brian y en su carrera profesional.

Como creía que su teoría estaba prácticamente completa, y con todo el interés de Leslie y su apoyo, estaba más comprometido que nunca en conseguir que el equipo de empleados del Gene & Joe apreciaran su trabajo. Sólo esperaba que le dieran el tiempo suficiente para conseguirlo. Le vino de perlas que Joe aceptara alargar un mes más el incremento salarial que había ideado para motivar a la gente.

Durante el transcurso de las siguientes semanas, Brian continuó con su plan de mediciones y relevancias, y comprendió que convertirlo en un hábito requería de tiempo y constancia. También se comprometió a interesarse por su equipo y sus vidas.

Pero se cuidó mucho de ser hipócrita. Lejos de entrevistarlos uno a uno ni de pasarles un cuestionario, decidió que simplemente debía ser más humano.

—Esa gente es como tú y como yo –le explicaba a Leslie, y a sí mismo, cuando se iba al trabajo el jueves por la noche–. Y si no pudiera veros como seres humanos iguales que yo, entonces sería un falso al decir que me preocupo de ser su jefe.

Brian empezó a hacer observaciones por aquí y por allá, y a hacer otras preguntas, como: «¿Cuánto tiempo hace que vives en esta zona?», «¿Dónde creciste?», «¿Dónde te hiciste ese tatuaje y por qué?», «¿Qué haces los fines de semana para divertirte?». Preguntaba una y otra vez.

Pronto, Brian descubrió la forma de demostrar su determinación por conocer al equipo. Si veía en el periódico una noticia sobre México, se tomaba unos minutos para leerla y así tener algo que discutir con Salvador en el trabajo. Cuando supo que la hija de Patty era celíaca, trabajó con Joaquín para encontrar la forma de elaborar masa sin gluten para la pequeña.

Hizo unas cuantas cosas, nada particularmente importante, como por ejemplo llevarle a Carl un libro de Michael Crichton porque le encanta la ciencia ficción, o bromear con Migo cuando su equipo de fútbol perdía. En definitiva, les demostraba que se interesaba en ellos como personas. Y es que en realidad lo estaba.

Cuando Salvador, que llevaba allí dos años, decidió dejar el restaurante para irse a vivir a Idaho con sus hermanos, Brian organizó una cena especial para su despedida. Por muy modesta que fuera la cena, era la primera vez que la marcha de un empleado se festejaba de un modo diferente que Joe preguntando quién iba a ocupar su puesto.

Y cuando Salvador fue sustituido y se contrató a un nuevo repartidor, Brian los presentó a todo el equipo en una breve charla, y se les asignó un colega para introducirlos en las tareas durante las dos primeras semanas, de manera que lo asimilasen todo, incluido el programa de medición y relevancia, al mismo tiempo que se les otorgó un poco de tiempo extra para que se adaptasen.

LOS RESULTADOS

No mucho después de haber añadido el elemento del anonimato a su teoría, Brian encontró el empuje necesario en el Gene & Joe, para empezar a acelerar. Pensó que no hubiera funcionado con sólo dos de los tres principios en juego.

Sin dudas en mente, sabiendo que ahora existía de manera evidente otro nivel de energía y compromiso en el restaurante, Brian advirtió que era el momento de dotar a su experimento de alguna estructura para que cualquier progreso que pudiera lograrse no se esfumase en el olvido. Así fue como creó una simple hoja de cálculo en la que reflejar la información básica sobre las mediciones y relevancia de cada uno de sus empleados, así como sobre sus intereses personales. Y lo que es más importante, imprimió su hoja de cálculo y la llevaba con él para revisarla cada día durante cinco minutos antes de ir al trabajo, y añadía o modificaba cosas si era necesario.

Por simple que pudiera parecer, Brian estaba convencido de que ésa era la clave para cambiar las cosas en el Gene & Joe, tanto en términos de satisfacción con el trabajo entre los empleados, como, evidentemente, en términos de eficacia financiera del negocio.

El incremento en las ganancias en relación con las semanas anteriores estaba instalado, y las propinas se dispararon. Más allá de esos dos indicadores económicos, sin embargo, la energía de la fatigada coyuntura entre clientes y empleados era más alta de lo que había sido en años. Como punto importante, el equipo iba viendo cada vez más caras conocidas entre los clientes, que repetían, hasta el punto de que la gente empezó a conocerse por su nombre.

Cuando llegó el momento de volver a bajar los salarios eliminando el extra temporal, Brian confiaba en que no habría grandes problemas para aceptarlo. Pero estaba muy equivocado.

DINERO

Los empleados que recibían propinas no tenían inconveniente en perder el dinero extra del incremento temporal, y ya sabían cómo tratar a los clientes para que éstos fueran generosos en sus propinas como agradecimiento al servicio recibido. Pero el resto de empleados era otra historia.

Durante la breve charla en la que Brian les recordó la necesidad de reajustar de nuevo sus salarios –con Joe observando cómo se desarrollaban las cosas–, fue Migo, entre todos los demás, el que hizo el primer comentario. Lo cierto es que su aportación fue serena y Brian tuvo que admitir que era razonable.

—Si el trabajo de Kenny y Joaquín en la cocina consiste en ayudar a Patty y Jolene, y éstas consiguen más propinas y el restaurante funciona mejor, ¿no deberían obtener algún tipo de recompensa por ello?

Ésa era una pregunta para la que Brian no tenía respuesta. A punto estuvo de iniciar una larga disertación sobre la historia de los restaurantes y la diferencia entre un empleado que trabajaba de cara al público y un cocinero o un lavaplatos. Pero la única respuesta con la que realmente estaba de acuerdo era un simple «sí».

Todos quedaron asombrados. Migo ya había oído a Joe hacer reflexiones similares sobre la cocina tiempo atrás, y, además, tenía amigos que trabajaban en otros restaurantes y habían fracasado en retos como el que él acababa de plantear. El resultado siempre era el mismo: sus colegas tenían que resignarse a su destino por no trabajar de cara al público y cualquier tipo de ventaja financiera (no la llamaban así, obviamente) estaría siempre limitada.

Pero como había un sheriff nuevo en la ciudad, Migo supuso que merecía la pena intentarlo.

La respuesta de Brian pilló a Joe fuera de juego. Pero para evitar que la charla se saliera de madre, y para asegurarse de que el restaurante abría a su hora, Brian no quiso hacer ningún tipo de promesa que no pudiera cumplir. No sin el permiso del accionista principal.

—Has hecho una buena observación, Migo. Déjame pensar al respecto. Seguro que encontramos la mejor forma de hacer las cosas.

De nuevo, el equipo se quedó atónito.

Brian continuó, pero en un tono más seco:

—Pero voy a ser claro. No quiero que dejéis de cuantificar vuestra buena labor esta noche preguntándoos qué va a pasar y qué vamos a decidir.

Miró a los ojos a Jolene y a Patty.

—No os asustéis pensando que os vamos a quitar las propinas para repartirlas entre todo el equipo. Francamente no creo que ésa sea la solución. Lo único que sé ahora mismo es que hemos estado haciendo las cosas mejor y lo hemos notado; por tanto, debemos mantener nuestros progresos o nuestra situación empeorará. Si nos dormimos en los laureles como estábamos hace semanas, todos perderemos. –Hizo una pausa y añadió—: Ahora vamos a trabajar.

Y con eso, el equipo se dispersó hacia sus puestos. Joe le pidió a Brian que fueran a hablar en el aparcamiento.

LA ALFOMBRA

Joe no estaba muy enfadado, aunque sí claramente disgustado.

—Espero que sepas lo que estás haciendo, porque todo esto puede explotarnos en la cara.

—¿Tú crees?

Joe asintió enfáticamente.

—Esto es un pararrayos en el negocio de los restaurantes y no quiero ni tocarlo. Las camareras funcionan gracias a las propinas, y si te acercas a las propinas... La lían.

—¿Y qué hacen?

—Primero montan un pollo rajando como nunca antes habrás oído. Y luego, después de haber creado un mar de destrucción, como si hubiera pasado un tornado, se largan.

Brian asentía mientras pensaba. Por fin había conseguido que su socio se implicara.

—No creo que sea una cuestión de dinero, Joe.

Joe lo miró con los ojos abiertos como platos.

—¡Todo es por dinero, amigo!

Ahora Brian negaba con la cabeza.

—Es más que eso. Evidentemente que quieren dinero. ¿Quién va a culparlas por eso? Viven en una zona en cierto sentido cara y ganan sueldos bastante bajos. Cualquiera, en su misma situación, intentaría sacar más dinero de donde fuera. Eso ya lo sé.

La mirada de Joe expresaba con claridad lo que estaba a punto de salir de su boca.

—No, joder, Sherlok.

Brian rio.

—Ja, ja. Ha sido brillante, ¿eh?

Joe rio entre dientes.

—Venga ya, un dólar más a la hora no cambia su situación financiera de ninguna manera; de hecho, casi no lo notan. Sirve sólo para que se sientan recompensados por su contribución.

Aunque con alguna duda, Joe veía cierta lógica en esas palabras. En un tono entre el escepticismo y el sarcasmo, le hizo a su socio la gran pregunta:

—¿Y qué sugieres?

—¿Cómo? –Brian estaba a punto de hablar sin un guion previo–. Vamos a mantener el dólar extra para el personal de cocina y el personal de soporte, pero sólo a ellos.

Joe crispó la cara, como quien está haciendo números en su cabeza y no le cuadran. Brian tomó la delantera y siguió hablando.

—Si el restaurante continúa mejorando, lo podremos ir ajustando, arriba o abajo, cada mes. Eso te protege de un desplome del negocio al mismo tiempo que les dejamos compartir el éxito. ¡Caray, eso será un incentivo para seguir poniendo de su parte!

Joe permanecía sentado, escuchando a su socio y pensando en su propuesta. Finalmente, consiguió negar con la cabeza y alcanzó a mascullar:

—Sabía que no te tenía que haber contratado –sonrió añadiendo–: Vale, vamos a intentar esa estrategia durante unos meses, en temporada baja, y veremos si funciona o no.

Brian tenía confianza en que las cosas funcionarían así. Lo que no estaba claro es si estaría presente para verlo.

LA LLAMADA

Sucedió a primera hora de un ajetreado jueves por la noche.

Tristán contestó al teléfono y llamó a Brian.

—Es para ti, jefe.

Brian se dirigió a la barra y agarró el teléfono.

—Soy Brian, dígame.

—Quiero encargar una pizza familiar de *pepperoni* y anchoas.

Brian se preguntaba por qué Tristán no había tomado el pedido él, pero de repente el interlocutor telefónico preguntó:

—¿Tienen repartidores que lleguen a San Francisco?

Era Rick.

Brian hizo todo lo que pudo para ser educado y afectuoso.

—¿Pero cómo narices te lo has montado para encontrarme aquí?

—He estado hablando con Leslie. Me dijo que te encontraría aquí. –Rick hizo una pausa y se echó a reír–. También me ha dicho adónde podría irme, no sé si me entiendes.

Brian se echó a reír también y preguntó:

—¿Qué es lo que te ha dicho?

—Nada que no me esperase de una mujer lo bastante fuerte como para aguantarte.

Brian sonrió. No podía esperar ni un minuto para hablar con Leslie.

—En fin –continuó Rick–, me han dicho que ahora eres un empleado a sueldo, así que he querido llamarte. ¿Cómo te van las cosas? Parece que eso está lleno, ¿no?

Por alguna razón, a Brian no le hacía gracia que Rick escuchara el sonido de fondo del restaurante. En parte era orgullo, está claro. Pero por otro lado, no quería que su sarcástico amigo entrase en el mundo del Gene & Joe de ningún modo.

—¿Qué puedo hacer por ti, Rick? –Brian estaba siendo un poco áspero.

—Bueno, estuve hablando con Wiley Nolan ayer por la noche, y cuando me dijo lo que estabas haciendo, pensé en hablar contigo para ver si habías perdido la cabeza.

Brian no podía esperar menos de Rick. En un tono completamente serio, respondió:

—Pero, cómo, ¿Leslie no te lo ha explicado?

—Explicarme qué.

—Estoy viendo a un psicoterapeuta y me estoy tomando la medicación. Él habla de una cosa relativa a la esquizofrenia.

Se hizo un silencio absoluto.

—¡Ostras! –Rick estaba sin palabras y, con mucha precaución, dijo–: No tenía ni idea, tío.

Brian no pudo seguir.

—Te estoy tomando el pelo, zopenco.

Rick rio a carcajadas.

—Vale, te has quedado conmigo.

El restaurante estaba repleto y Brian tenía que ayudar a Jolene a mover mesas para acomodar a un grupo grande que celebraba una fiesta y, encima, no estaba de humor para aguantar a Rick.

—Estoy perfectamente, pero ahora mismo me pillas ocupado. ¿Qué necesitas Rick?

—Bueno, en realidad te llamaba por un tema de negocios.

Brian estaba con la guardia baja.

—¿Qué quieres decir? ¿Algo relacionado con JMJ?

—No, otra cosa. ¿Por qué no me llamas cuando tengas tiempo? Yo estaré despierto hasta pasada la media noche.

Brian le dijo que lo llamaría cuando regresara a casa, probablemente antes de las once. Después de colgar y durante el resto de la noche, no pudo dejar de pensar en qué querría Rick de él.

EL CEBO

Brian condujo el kilómetro escaso que separaba el restaurante de su casa un poco más rápido de lo normal. Cuando llegó, Leslie estaba ya acostada. Aunque estaba deseando despertarla y explicarle la conversación con el famoso Rick Simpson, decidió que era mejor contárselo cuando acabara, y llamó a Rick de inmediato.

Decepcionado porque nadie descolgaba el teléfono, Brian empezó a grabar un mensaje en el contestador de Simpson: «Hola Rick, te devuelvo la llamada que me has hecho. Estaré despierto por aquí».

De repente, Rick descolgó el teléfono.

—¡Tío! Perdona, es que no encontraba el móvil. ¿Qué tal?

—Bien. –Brian estaba preparado para una pequeña conversación.

—Y dime, ¿qué se siente trabajando de verdad otra vez? Yo fui cocinero en un chiringuito cuando iba al instituto y también fui camarero cuando iba a la facultad. La verdad es que a veces echo de menos ese tipo de trabajo.

Brian estaba sorprendido por la extraordinaria diplomacia de Rick y dejó que continuara con su perorata.

—Pero tenía que decírtelo: trabajar en ese tipo de lugares es agotador. Esa gente acaba apagándose.

En ese momento, Brian intervino.

—Sí, tienes toda la razón. Creo que trabajar de camarero durante diez años equivale a trabajar en una oficina durante treinta.

—Pues sí. Una vez mi padre se quedó sin trabajo durante un tiempo y mi madre tuvo que servir mesas. Quedó molida. En fin, cuéntame cosas de tu restaurante.

Desarmado por el humilde discurso de Rick, Brian pensó que no tenía nada que perder si se confesaba con él. Le contó, pues, toda la historia del Gene & Joe. Cómo y por qué se convirtió en uno de los propietarios. Cómo decidió transformar el equipo y la manera de trabajar, de forma análoga a la que utilizó en JMJ. Como de costumbre, Rick no pudo resistirse al debate.

—Bueno, no estoy muy seguro de lo que puede dar de sí ese sector, pero buena suerte, en cualquier caso.

—Lo cierto es que he conseguido grandes cambios –comentó Brian– sólo aplicando algunas de las cosas que utilicé en la fábrica.

—Eso es algo que se puede hacer en los pequeños negocios en los que no se han invertido grandes cantidades.

Brian se volvió a sentir frustrado.

—Bueno, soy propietario de una parte del negocio. ¿Qué más inversión que ésa?

—¿Cuánto pusiste? ¿Treinta mil?

—Doce mil. Pero ése no es el tema.

—Ése sí es el tema, Brian. Una pequeña operación en plan hobby no es lo mismo que tener tu propia reputación o tu carrera pendiendo de un hilo. Eso ya lo sabes.

Rick parecía que se estaba enfrentando mucho más de lo habitual. Pasó del humor sutil y la provocación burda a la más pura antipatía. Más tarde, Brian se tiraría de los pelos por no haber sabido ver los motivos ocultos de su viejo amigo.

Tras considerar la conversación que había tenido, Brian tenía mucha curiosidad por averiguar para qué lo había llamado Rick.

—En fin, me has dicho que tenías que hablar conmigo de negocios, ¿no?

—Sí, aunque sé que estás medio jubilado y todo eso. Pero quisiera saber si estarías abierto a una oportunidad de oro que tengo.

EL ANZUELO

En la hora siguiente, Rick especificó todos los detalles de la oportunidad a la que hacía referencia. Se trataba de una compañía. Era un poco más pequeña que JMJ y necesitaban a un director ejecutivo.

Desert Mountain Sports era una cadena regional de veinticuatro almacenes distribuidos por Nevada, Idaho, Oregón, Utah y Montana. En los últimos cinco años había estado teniendo malos resultados financieros en términos de ganancias y beneficios, de manera que necesitaba un apoyo extra para hacerla atractiva a los potenciales compradores.

Aunque Brian estaba más que intrigado con el proyecto, sabía que no podía ni pensar en considerar su regreso a un trabajo a tiempo completo, obligando a Leslie a mudarse de nuevo de casa. Pero Rick estaba en posesión de dos elementos de información que cambiarían la ecuación de manera drástica.

—Deberías saber que las oficinas centrales de la compañía están en West Reno.

A Brian no le pareció demasiado relevante.

—Bueno, yo vivo en el lago Tahoe y no pienso...

Rick lo interrumpió.

—Está a 30 km de tu casa.

Eso fue suficiente para detener a Brian. Por un momento.

—Mira, Leslie no me va a dejar volver a trabajar así como así. Ya está siendo más que paciente y comprensiva con mi situación en el restaurante.

Rick volvió a interrumpirlo, esta vez para jugar su mejor carta:

—Ya he hablado con Leslie del tema. Y está abierta a la idea.

—¿Qué has hecho qué? –Brian estaba estupefacto.

—Se lo mencioné cuando te llamé por la noche temprano. Tuvimos una bonita conversación. Al final me dijo que era un gilipollas.

—¿Eso te dijo?

—Bueno, no usó exactamente la palabra *gilipollas*, pero más o menos vino a llamarme eso.

—No, no, me refiero a si en realidad te dijo que estaba abierta a la idea.

Rick dudó un instante.

—Bueno, no me hagas citarlo todo textualmente porque no tengo ganas de recordar su lado oscuro. Pero sí, vino a decirme que le parecía que era algo con lo que podrías disfrutar mucho. Incluso negoció que podrías trabajar desde casa algunos días o bien llevar las cosas desde uno de los almacenes que está en South Lake Tahoe.

Brian no abría la boca. Lo que estaba oyendo lo superaba del todo. Rick continuó.

—Tu mujer te comprende muy bien, amigo mío. Y, por alguna razón, parece que a ella también le gusta.

Ahora Brian se tuvo que reír.

—Bueno, no creo que le guste cuando la despierte. Déjame hablar con ella y te llamaré en algún momento en los próximos días.

—Tómate tu tiempo. No tengo un candidato mejor para esta oportunidad ahora mismo. La verdad es que no conozco a nadie lo bastante zopenco como para aceptar el trabajo.

Ambos rieron y se dieron las buenas noches.

PACIENCIA

A pesar de lo que le había dicho a Rick, Brian prefirió esperar a la mañana siguiente para hablar con Leslie, ya que quería dejar que durmiera tranquila y para que él pudiera tomarse su tiempo para pensar… y para rezar.

Por la mañana, ya había tomado una decisión: lo que Leslie le pidiera que hiciera sería lo que haría. La conversación durante el desayuno iba a tener un impacto significativo en la vida de ambos durante los próximos años.

—Así que hablaste con Rick Simpson ayer por la noche. –Brian sonreía, deseando saber lo que ella le iba a decir.

Leslie se frotaba los ojos para despojarse del sueño.

—Supongo que eso significa que tú también hablaste con él.

Brian asintió con la cabeza.

—¿Y?

—Ese hombre es imposible de odiar. Tenía ganas de agarrarlo por el cuello, pero, de repente, me di cuenta de lo mucho que te aprecia.

Brian siguió sonriendo y dejó que su mujer continuara.

—Le dije lo que pensaba y se lo tomó como todo un hombre. Es un ser humano tan remarcablemente irritante como decente.

Brian rio.

—Sí, lo es.

Leslie se sirvió un poco de café.

—Y, entonces, ¿qué opinas de su oferta?

—Es justo lo que yo te iba a preguntar.

Leslie lo miró a la cara.

—Yo he preguntado primero.

—Muy bien –repuso Brian–. Mi decisión es acatar lo que tú decidas.

—No vale. Me tienes que dar una respuesta real.

—Es mi respuesta real. No pienso tomar ninguna decisión que nos arruine todo esto. –Miró alrededor de la cocina–. Por mucho que me guste resolver problemas, pensar que te dejo fuera, haciendo que sientas que estás en un segundo plano, no es algo que pueda ni siquiera plantearme. Y no intento ser amable. Realmente lo siento así.

Leslie volvió a frotarse los ojos, pero esta vez no por culpa del sueño. Se sentó a la mesa con su marido.

—¿Cuánto tiempo crees que durará?

—¿El qué? ¿Lo de la compañía de deportes?

Ella negó.

—Prefiero calcular a lo alto. Diría que unos ocho meses, como mucho.

—¿Y cuánto crees que durará realmente?

—Ocho. Quizás nueve –Brian tenía la respuesta preparada.

Leslie volvió a beber café e hizo la siguiente pregunta en un tono particularmente serio.

—¿Crees, por tanto, que podrías estar disponible para la próxima temporada de esquí?

Brian se lo pensó un poco.

—Sí, creo que podría comprometerme a eso.

Leslie buscó la mano de su marido para estrechársela.

—Trato hecho.

En la hora siguiente, Brian pactó las condiciones con su mujer.

Debía trabajar en casa por lo menos un día a la semana y limitar sus desplazamientos de martes a jueves, con excepciones ocasionales que ella debía conocer de antemano.

Pero su última condición fue la más sorprendente:

—No puedes abandonar el Gene & Joe como si tal cosa. Tienes que encontrar el modo de hacer que tu experimento funcione.

Brian se quedó de piedra, gratamente sorprendido por la comprensión que su mujer demostraba hacia el restaurante. Más en concreto por la gente que trabajaba allí.

—Estoy encantado de que me digas eso. Supongo que podría seguir pasándome por el restaurante los sábados por la noche algún tiempo, después de haber empezado en Desert Mountain, aunque sólo sea para asegurarme de que todo va por el buen camino.

Leslie volvió a hacer la pregunta del millón.

—¿Y a quién vas a poner como gerente?

Brian se encogió de hombros.

—He estado pensando en ello durante las últimas horas. Y la mejor opción que se me ocurre es Joe. Aunque Migo también podría hacerlo.

Leslie levantó las cejas.

—¿De verdad?

—Sí. Es un chico brillante y educado, que conoce cada aspecto del restaurante mejor que cualquier otra persona. Y además todos lo respetan.

—Me parece estupendo, espero que pueda hacerlo.

—Bueno, si tengo que empezar a trabajar para Desert Mountain en menos de tres semanas, más vale que lo haga.

LA NEGATIVA

Las dos siguientes semanas, Brian estuvo presionando con la valoración de los logros en el trabajo y enseñándole a Joe el papel de un gerente. Joe acabó siendo su mayor reto.

Con más de treinta años de arraigada desconfianza hacia los empleados, Joe lo pasó mal al entender que su papel no iba más allá de evitar que los locos abandonaran el manicomio. Le tocó a Brian demostrarle que estos empleados estaban sanos y que todos querían, sinceramente, trabajar en sus puestos.

Los dos activos con los que contaba Brian para convertir a Joe a su manera de pensar eran los resultados financieros del restaurante, en las últimas semanas, y la inminencia de su marcha.

Tuvieron unas cuantas conversaciones difíciles por el camino.

—Venga Joe, lo has visto con tus propios ojos. Todos vienen al trabajo a la hora, cuando no antes. Se ayudan los unos a los otros para cerrar el restaurante por la noche como los niños de la escuela cuando suena el timbre. Los clientes nunca han sido tan felices como ahora. Las ganancias son buenas. ¿Qué vas a perder por cambiar el modo en que los ves?

Joe miraba a su alrededor.

—Mira, he pasado más de la mitad de mi vida aquí y tú sólo has estado noventa días. Me parece que tengo más experiencia que tú en este lugar.

Brian intentaba calmar los ánimos.

—De acuerdo, pero ¿cómo te sentirías si las cosas volvieran a ser como antes?

Joe le miró ligeramente herido por la pregunta, así que Brian se explicó mejor.

—Quiero decir que esa gente ahora está la mar de entusiasmada con el Gene & Joe, y está trabajando por mucho más que once pavos la hora.

En ese momento Brian fue consciente: ¿qué estaba haciendo Joe por el negocio?

—¿Sabes qué? Creo que tienes que formar parte del programa.

Joe lo miró desconcertado.

—¿Cómo mides tu éxito, Joe? ¿La vida de quién impactas tú?

—Venga, no me taladres.

—¿Taladrarte? –Brian era ahora el ofendido–. ¿Te parece que esto es una tocada de narices inútil? ¿Crees que no lo necesitas?

Joe se encogió de hombros.

—Dame quince minutos de mente abierta, Joe, sólo quince minutos.

El propietario mayoritario asentía poco a poco con la cabeza.

—Dime a quién consideras que sirves en primer lugar. ¿En qué vidas ejerces un impacto?

—Brian, yo estoy de acuerdo con lo que dices, pero no hagas que responda a tus preguntas, por favor. Dime directamente lo que piensas.

Brian estuvo de acuerdo.

—Vale, te voy a decir qué vidas impactas con tu trabajo. Y me parece que ya conoces la respuesta. Esos trabajadores dependen de sus empleos más de lo que tú crees. Sí, reciben su salario y no es algo que ni tú ni yo nos tomemos a la ligera. Pero también tienen un sentido del deber, de la autoestima y del compañerismo.

Joe hacía todo lo que podía para mantenerse escéptico pero Brian no lo dejaba.

—Mientras sigas pensando que tienes contratada a una pandilla de inútiles que no quieren estar aquí y que sólo son capaces de hacer lo que se les ordena que hagan, eso es lo que te darán. –Brian pensó que Joe necesitaba también un poco de amor y se lo dio–. Eso es lo que has estado haciendo durante años, pero ahora tienes la oportunidad de cambiar las cosas, de hacer algo por toda esa gente y levantar un negocio que ha sobrevivido en coma todos estos años. Te corresponde a ti, Joe, está en tus manos. Así es.

Joe se levantó y se sirvió una taza de café. Cuando volvió dijo:

—¿Han pasado ya los quince minutos?

Brian, visiblemente frustrado, negó con la cabeza.

—Yo qué sé.

—Lo digo porque, quizás, tendríamos que hablar de cómo voy a medir todas esas cosas que tan importantes parecen.

Brian sonrió y puso una servilleta de papel en la mesa, dispuesto a trabajar.

Noventa minutos más tarde, los dos socios del restaurante estuvieron de acuerdo en que los cuatro elementos que había que medir eran las facturas de las cenas, las propinas, las ganancias del negocio y el grado de satisfacción de los empleados. Algunos de estos elementos son fáciles de medir, mientras que otros requieren cierta retroalimentación. Pero todos ellos forman la base del trabajo de Joe y del sucesor de Brian, Migo.

LA REORIENTACIÓN

Como se acercaba el día en que Brian tenía que incorporarse a su nuevo empleo, empezó a delegar más y más responsabilidades en Joe y en Migo. Durante su última semana en el restaurante, se sumergió en tareas diversas durante larguísimos ratos, para que su ausencia la semana siguiente no fuese un caos.

En su última noche, el equipo se quedó hasta tarde y Joaquín sacó un pastel que había preparado él mismo con las palabras «Adiós Brian», escritas encima. Aunque la ocasión fue bastante menos emotiva que su despedida de JMJ, Brian se sorprendió de lo unidos que se sentían a él los empleados de Joe en un período de tiempo tan breve.

Se dirigió al equipo con unas escuetas palabras.

—Muy bien, os quiero recordar a todos que soy propietario, en parte, de este negocio, así que me pasaré por aquí de tanto en tanto para comprobar cómo van las cosas y los resultados de las mediciones. También puedo encargaros comida para llevar bajo un nombre falso o disfrazarme para venirla a buscar por la ventanilla, sólo para asegurarme de que todo funciona como debe ser.

Todos se echaron a reír.

Cuando volvió a casa esa noche, cualquier tristeza que Brian pudiera haber sentido desapareció de repente ante la excitación de empezar con su nuevo reto profesional.

CUARTA PARTE

EMPEZAR

CAMBIO DE RUMBO

Desert Mountain Sports era una mediana empresa con malos resultados a pesar de sus esfuerzos, e iba camino de convertirse en una compañía pequeña. Aunque el mercado de productos deportivos estaba consolidado –algo que Brian conocía de primera mano–, pocos pretendientes estaban dispuestos a comprar la cadena, con sede en Reno. Las pocas ofertas que la compañía había tenido eran ofensivamente bajas.

Como Rick Simpson se había ido sintiendo cada vez más frustrado por sus fracasados intentos de generar interés por DMS, llegó a la conclusión de que la compañía necesitaba un buen lavado de cara para poder resultar atractiva. «Vamos a pintarle los labios a este cerdo», había dicho en más de una ocasión, desatando las risas de sus clientes.

Aunque Brian había investigado un poco más sobre DMS de lo que había hecho con Gene & Joe, en realidad no hay nada en el mundo que pueda preparar a un directivo para la realidad que se le viene encima. Lo único que puede hacer verdaderamente es ofrecer una nueva perspectiva.

En su primera reunión con la junta directiva, Brian supo que la plantilla de la compañía en las oficinas centrales de Reno era más grande de lo que se había imaginado. En lugar de los treinta y cinco que esperaba, se encontró con cincuenta y cinco personas ubicadas en el edificio de cristal de la empresa, con vistas a toda la ciudad.

—No quiero sacar conclusiones precipitadas –explicó Brian a la junta, ese primer día–, pero me parece excesivo tener dos veces más empleados en las oficinas que los que tenemos en las tiendas.

Las cabezas de los directivos asentían mostrado acuerdo, como si pensaran que ellos no eran responsables de la supervisión, o de la falta de ella, que había propiciado la aparición de este problema que tanto saltaba a la vista.

Pero una mirada más atenta a las finanzas de la compañía convenció a Brian de que recortar la plantilla o moverla no iba a resolver los problemas de la empresa. Brian tenía que encontrar el modo de incrementar los beneficios antes de poder persuadir a un potencial inversor para que echara una mano. De lo contrario, muchos puestos de trabajo estarían condenados a desaparecer por orden de cualquiera que pusiera las manos sobre esa empresa.

Tras una serie de charlas con su nuevo equipo y con algunos empleados veteranos, Brian comprendió por qué Rick primero había pensado en él para este proyecto aparte de la proximidad del lago Tahoe.

Para empezar, tenían un problema con el servicio al cliente. Un informe externo contratado por la junta determinó que la Desert Mountain estaba en el número ocho de las once mejores compañías del ramo en el oeste del país. En segundo lugar, y esto sí que afectaba a los clientes, tenían un problema con los empleados. Muchos abandonaban sus empleos y los que preferían quedarse estaban poco motivados o eran inexpertos.

Esos elementos habrían deprimido a la mayoría de los directores ejecutivos, salvo a Brian, que oía música celestial.

EL RECONOCIMIENTO

Tras una serie de conversaciones con sus subordinados directos y otros miembros del equipo de las oficinas centrales, Brian subió al avión con entusiasmo –la primera vez desde su jubilación– para visitar unas cuantas tiendas del oeste del país. Al tiempo que valoraba el informe de mercado, quería verificar que todo lo que le habían dicho era exacto.

Brian estaba deseando encontrarse con los gerentes de las fábricas, mencionados como DG o directivos generales, porque quería empezar a implementar un programa similar al que había utilizado en el restaurante. Pero lo que se encontró iba a dificultarle la tarea mucho más de lo que se había imaginado.

Irónicamente, la calidad profesional de los gerentes que conoció superaba en gran medida sus expectativas. Por lo menos sobre el papel. Todos ellos eran universitarios, profesionales experimentados, con referencias y currículums impresionantes. Lo malo era su nivel de entusiasmo.

A pesar de que todos ellos intentaron dar la mejor imagen al nuevo director ejecutivo, muchos de los gerentes tenían altos niveles de frustración y estaban ya quemados por exceso de trabajo. Como es lógico, los empleados que trabajaban con ellos estaban desmotivados, o algo peor.

Encontrar buenos trabajadores para las tiendas era una de las mayores quejas que Brian escuchaba de los gerentes. El tipo que dirigía la tienda de Boise explicó con total sensatez cuál era la situación.

—Es dificilísimo encontrar a una persona joven y capaz –ni siquiera uno no tan joven– que esté dispuesta a trabajar por diez pavos la hora todos esos días. O bien no necesita el dinero o bien necesita mucho más para mantener a su familia. –Hizo una pausa y añadió–: o no tiene cerebro suficiente para ponerse frente a la caja registradora.

Otra gerente, esta vez de Reno, explicaba su dilema:

—Invierto mucho tiempo entrevistando y contratando gente, y cuando pienso que puedo estar tranquila porque tengo todos los puestos cubiertos, alguien se marcha y tengo que volver a empezar a completar la plantilla. Entre eso y los informes semanales que debo entregar, no tengo tiempo de pensar ni en las ventas ni en el marketing. Siempre me siento con el agua al cuello.

Cuando Brian preguntaba a los gerentes por qué se iban los empleados, las respuestas eran vagas y poco convincentes. La gerente de Reno se quejaba de los bajos salarios, aunque luego Brian se enteró de que los competidores pagaban sueldos similares, iguales o más bajos que los de Desert Mountain. El gerente de Eugene decía que no había oportunidades para promocionarse. Y el de Las Vegas lamentaba que el sistema de educación formara a gente tan poco preparada para los empleos.

Brian no aceptó ni una de las explicaciones. Aunque, ciertamente, algunos competidores estaban teniendo los mismos problemas, otros no los tenían. Y justo los que no tenían esos problemas tenían mejores resultados financieros.

Durante el viaje, Brian estuvo muchas horas charlando con los gerentes de las tiendas y se paseó por ellas para hablar también con los empleados. Incluso sondeó en persona a unos cuantos clientes cuando se iban ya de las diferentes tiendas. Esperando poder diferenciar los problemas específicos de DMS y de los generales de su sector, Brian visitó todas las tiendas de la competencia que pudo y habló con los clientes que encontraba en ellas.

Cuando regresó de su viaje relámpago, Brian empezó a formular un plan que reavivase la sofocada compañía. Naturalmente, muchos puntos de su proyecto se centraban en lo mismo que había tenido en cuenta para el restaurante, lo cual le causaría más de un quebradero de cabeza.

LA RETAGUARDIA

Cuando su marido llegó a casa desde el aeropuerto, Leslie estaba levantada esperándolo. No podía borrar la sonrisa de sus labios.

Antes de que Brian pudiera decir ni una palabra, ella saltó a decirle:

—¡Lynn ha conseguido el empleo en Tahoe! Se quedará con nosotros durante el verano.

De repente, todos los asuntos de trabajo desaparecieron de la cabeza de Brian. No sólo estaba encantado con que su hija viviera con ellos en primavera y verano, sino que, además, su mujer estaría acompañada cuando él estuviera de viaje.

Y lo que Leslie estaba a punto de decirle le daría la confianza que necesitaba.

—¿Y sabes por qué ha aceptado el empleo de Tahoe?

Brian la miró desconcertado.

—Mujer, supongo que es porque nosotros estamos aquí.

Leslie negó con la cabeza.

—Pues no exactamente. Seguro que no te molestará, pero ha escogido entre varias ofertas de trabajo.

Brian seguía confundido, así que su mujer fue al grano.

—Sobre todo ha valorado la importancia que le dan a la relevancia, la medición de progresos y el anonimato. No justo con esas palabras, pero eso es lo que me ha explicado.

Aunque lo disimuló lo mejor que pudo, Brian se deshacía de placer al ver que su hija recordaba su teoría tras la pequeña explicación que le dio. Estaba pletórico porque había utilizado la teoría de su padre para evitar caer en un trabajo miserable que la amargara.

Cuando Leslie hubo terminado de enseñarle qué habitación utilizaría la hija y de explicarle todo lo que necesitarían preparar para su llegada, se centró en Brian.

—Bueno, cuéntame tu viaje.

Brian le explicó todo sobre los gerentes, los empleados, las tiendas y los clientes. Estaba extrañamente abatido.

—¿Qué pasa? –preguntó Leslie.

—No lo sé. Estoy preocupado por una cosa.

—¿Del trabajo?

—Sí. Es una forma de trabajar miserable lo mires por donde lo mires.

—¿Cuál es el problema?

—No lo sé. Estoy preocupado porque tengo la sensación de que voy a querer aplicar mi teoría por la fuerza en un sitio donde no va a funcionar.

—No me lo creo.

Leslie negaba con la cabeza.

—¿Sabes el refrán que dice «Si naciste para martillo, del cielo te caen los clavos»?

Leslie asintió.

—Pues siento que mi teoría no es aplicable siempre. Yo no hago más que ver clavos por todas partes.

Leslie lo pensó un momento.

—No lo creo. No es posible.

—Estás tú muy segura.

—Pues sí, lo estoy. Venga Brian, ¿por qué narices no iba a poderse aplicar a unas cuantas tiendas de artículos deportivos o a cualquier otro tipo de negocio? ¿Por qué iba a ser alguien inmune a esos elementos de tu teoría? Poco importa si eres la reina de Inglaterra o una estrella del rock, mientras no puedas medir lo que estás haciendo y creas que tu trabajo no le importa a nadie, serás un desgraciado en el trabajo.

Brian le lanzó a su mujer una mirada penetrante.

—No me estarás diciendo eso para que me sienta mejor, ¿no?

—Bueno, la verdad es que si no lo creyera te lo diría igualmente para que te sintieras mejor –sonrió–. Pero en este caso no es así. Estoy convencida de ello. Y tú también deberías estarlo.

Leslie vio que su marido la escuchaba con mucha atención.

—Vámonos ahora a la cama. Mañana madrugaremos para irnos por ahí en moto de nieve.

EL INFORME BREVE

El sábado por la noche, Brian no veía que llegara la hora de ir al restaurante, lo cual le sorprendía a él mismo.

Como le contó a Leslie cuando volvían a casa tras la excursión en moto de nieve:

—No puedo creer que tenga tantas ganas de ver cómo está la gente del Gene & Joe. ¿Quién me lo iba a decir?

Leslie le tomó la mano.

—Yo lo diría. A mí no me sorprende en absoluto.

—¿Quieres decir que ya suponías que esto me iba a pasar?

—No, sigo flipando de que te buscaras un trabajo en un restaurante. Lo que no me sorprende es que te guste tanto la gente que trabaja allí.

—¿De verdad?

—De verdad. Por eso te quiero.

—Bueno, espero que me sigas queriendo cuando vuelva esta noche.

Cuando Brian llegó al Gene & Joe, todo el mundo estaba preparando el local para abrir las puertas al público. Aunque sólo había pasado una semana desde que había estado por última vez en el restaurante, el equipo se alegró mucho de verlo y reaccionó como si hubieran pasado meses.

Aunque le encantó el recibimiento y la informalidad del encuentro con el equipo, Brian no podía esperar a oír las buenas nuevas para saber cómo estaban yendo las cosas en el negocio. Empezó sentándose con Joe.

—Bueno, ¿cómo están yendo las cosas? ¿No irás a dejar el negocio, no?

—¿Crees que llevando esta camiseta me iba a ir?

Ambos rieron.

—Las cosas están yendo bastante bien. Paso ratos aquí y allá, y estoy hasta las pelotas de tanta medida y de tanto pensar que mis clientes son la pandilla de zopencos que trabaja aquí.

Aunque las palabras eran soeces, Brian sabía que el tono de Joe era afectuoso.

Cuando le preguntó específicamente cómo estaba desarrollando su interés por sus empleados, en tanto que personas humanas, Joe pareció un tanto frustrado.

—Para serte sincero, es más difícil de lo que yo pensaba.

En principio, a Brian le pareció una excusa barata, pero quedó agradablemente sorprendido cuando Joe se explicó.

—Están tan interesados en los demás que me resulta muy difícil meterme. Jolene, Patty y Migo están tan pendientes de la gente que en realidad no creo que me necesiten para nada.

Brian le dijo que lo comprendía y lo animó para que lo siguiera intentando. Estaba encantado y sorprendido de que sus antiguos empleados se ocuparan de sí mismos y aplicaran lo que les había enseñado sin necesidad de supervisión, porque eso significaba que había creado una cultura que casi con seguridad sobreviviría incluso si Joe pasaba de todo y los abandonaba a su suerte.

Brian fue, entonces, a hablar con los diversos miembros del equipo para averiguar cómo iban sus valoraciones y qué novedades había en sus vidas privadas. Decidió, no obstante, pasar más tiempo con Migo.

—¿Qué hace Joe? –preguntó Brian directamente.

Migo dudó, como si le estuvieran pidiendo que se chivara de un superior.

Brian aclaró la pregunta.

—Es bueno que me lo digas, Migo. Es la única forma de poder ayudaros a él y a ti. No estás haciendo nada malo hablándome sobre Joe.

Un poco más relajado, Migo se explicó:

—Es un poco diferente a como era antes. Trabaja duro y anima a todo el mundo con el tema de las valoraciones, además de ser más amable y estar más comprometido con el equipo.

A Brian le encantó escuchar esas palabras.

—¿Y contigo qué? ¿Pasa tiempo contigo para enseñarte el negocio?

Migo asentía con la cabeza pero parecía dubitativo.

—Bueno… sí… digamos que me aconseja en esto y en aquello…

Brian nunca le había explicado sus planes a Migo, pero decidió que ése era el momento.

—¿Así estarás preparado en unos meses para ser el gerente de este restaurante?

Un gesto de estupefacción se instaló en la cara de Migo.

—¿Quién, yo?

—Sí, tú.

—No lo sé. –Hizo una pausa–. ¿Tú crees que podría?

—Absolutamente –contestó Brian sin dudarlo un instante.

Después, en la noche cerrada, cuando todo estaba encarrilado en el restaurante, Brian se llevó a Migo a dar un paseo en automóvil. Lo llevó al Mountain Express, el lugar donde Leslie y él estuvieron tras la primera noche en el Gene & Joe.

Antes de entrar, Brian le pidió a Migo que observara cuanto pudiera, tanto lo bueno como lo malo, sobre el funcionamiento de ese restaurante.

En los siguiente noventa minutos, observaron, comieron tarta, bebieron café y charlaron. Tomaron notas de todo: la configuración del restaurante, la manera que tenían de presentar la comida, el menú y el cobro con tarjeta de crédito. Y, obviamente, el servicio.

Mucho de lo que vio en el restaurante era bueno, dijo Migo, pero también se fijó en algunas cosas que debían mejorar. A Brian esas apreciaciones le parecieron interesantes y perceptivas, pero lo que realmente quería ver era si Migo era capaz de sentir curiosidad por lo que pasaba en ese local y si tenía una visión lo bastante holística como para ver el negocio detrás de los detalles. Y en ambos puntos Brian estaba seguro de que Migo iba por el camino correcto.

Luego, Brian le hizo una pregunta a Migo que éste no esperaba, pero que tenía su importancia.

—¿Cómo crees tú que está dirigiendo las cosas tu actual gerente?

Migo no parecía entender.

—¿Te refieres a Joe?

Brian asintió y se explicó mejor.

—No me refiero a cómo está dirigiendo las cosas en el sentido del trabajo, sino en el del comportamiento. Vas a tener que guiarlo un poco, centrarlo en las cosas adecuadas. Y eso significa que a veces vas a tener que ponerle algún reto. –Brian no esperaba respuesta alguna, así que continuó–. Lo que tienes que saber sobre Joe es que te dejará hacer mucho más de lo que creas que hay que hacer, sobre todo si te ganas su confianza y le parece que con ello se ayuda al restaurante. No debes sentirte intimidado por el hecho de que sea tu jefe.

Tras unos cuantos minutos más de conversación, Brian y Migo dejaron el Mountain Express y regresaron al Gene & Joe, que ya estaba cerrado al público. Entraron y se sentaron en el comedor vacío.

—Así, dime qué piensas.

—¿Sobre qué?

—Sobre encargarte de este negocio.

Migo miró alrededor durante unos segundos.

—Creo que podría hacerlo.

La sonrisa en su cara le dijo a Brian que verdaderamente podría. Ambos mirarían hacia atrás, a esa noche que resultaría un momento crucial para el restaurante y para Migo en persona. Para Brian sería un alivio para su sentimiento de culpa por haber abandonado el restaurante a medio camino para dedicarse al Desert Mountain.

EL INFORME COMPLETO

El jueves por la mañana, Brian convocó una reunión especial para valorar los informes directos sobre lo que había visto y aprendido durante su periplo por las tiendas. A las diez de la mañana, la gran mayoría de ejecutivos estaban sentados alrededor de una gran mesa en la sala principal de reuniones de la empresa: la directora financiera, dos de los tres vicepresidentes regionales responsables de las tiendas y los vicepresidentes encargados del servicio al cliente, el de promociones y el de recursos humanos.

A pesar de que sólo era su tercera reunión –y su primera oportunidad de tener una auténtica reunión de trabajo–, Brian decidió arriesgarse.

—Creo que las primeras impresiones suelen ser las más certeras. Y, además, tras haber pasado la mayor parte de la semana pasada haciendo trabajo de campo, y tras tener bastantes conversaciones detalladas con todos ustedes, creo que debo decirles lo que pienso de lo que he visto ahí fuera lo antes posible, antes de sentirme completamente aclimatado a la compañía y perder mi sentido de la perspectiva.

Los ejecutivos parecían menos intrigados de lo que a Brian le habría gustado.

—Pueden ustedes hacerme objeciones o preguntas. Mis observaciones y conclusiones se basan en conversaciones que he tenido con seis gerentes, unas cuantas docenas de empleados y bastantes clientes. Aun así, no estoy seguro de que todo lo que voy a decir sea correcto. –Hizo una pausa–, pero creo que me acerco bastante a la realidad.

En ese momento, entró el tercer vicepresidente regional, pasando olímpicamente de llegar tarde. En vez de mencionar el retraso, Brian lo saludó tan sólo con un «Buenos días, Rob» para que todo el mundo se diera cuenta de su entrada a deshora. Luego siguió.

—Bien, déjenme empezar con unas cuantas cosas que me han sorprendido. Para empezar, los gerentes que he conocido estaban más… –buscó la palabra adecuada– *cualificados* de lo que esperaba. Son gente con experiencia. Conocen bien sus productos. Y son bastante buenos con las finanzas.

Algunos de los ejecutivos asentían con la cabeza, pero la mayoría parecían sorprendidos. Finalmente, uno de los directivos regionales, un hombre bajito y musculoso llamado Lou, habló.

—Supongo que no ha visitado usted ninguna de mis tiendas.

El resto del equipo se echó a reír. Brian sonrió con educación y continuó.

—La otra cosa que me ha llamado la atención es la calidad de nuestros competidores. O quizá debería decir su falta de calidad. Dada la cantidad de mercado que comparten con nosotros y su mejor estado financiero, esperaba que sus tiendas fueran más grandes y mejores que las nuestras, y que la selección de sus productos fuera mejor. Pero no es el caso en absoluto.

Los hombres y mujeres de la sala parecían estar inseguros y no podían decidirse entre estar orgullosos o avergonzados.

—Lo que no me ha sorprendido nada, dados los informes que he leído y las conversaciones que he tenido con todos ustedes, es –volvió a detenerse para escoger las palabras adecuadas– el comportamiento de los empleados en la mayoría de las tiendas. Como ya me habían avisado ustedes, la mayoría parecen desganados, pasivos y desinformados.

—Eso es que ha visitado mis tiendas –dijo otra vez Lou, desatando las risas de todos, incluido Brian.

—Por tanto, la conclusión que saco de los problemas de Desert Mountain Sports es que se trata de un tema de gerencia.

Todas las cabezas, alrededor de la mesa, asintieron en términos generales. Pero no seguirían asintiendo a partir de entonces.

—Y eso significa que tenemos que empezar un proceso de formación –Brian esperaba reacciones.

Tras un incómodo silencio, la directora financiera, una mujer impecablemente vestida, cerca de los cincuenta años, levantó la mano, pero empezó a hablar antes de que le dieran la palabra:

—No sé si está usted al corriente sobre el hecho que, el año pasado, impartimos cursos de formación a los gerentes para parar un tren. Usted mismo ha admitido que los gerentes conocen bien el negocio. Yo, personalmente, pasé dos días con ellos explicándoles los temas de precios y costes, y todo fue muy bien, al menos en teoría.

Brian no quería desanimar a nadie mostrando un desacuerdo inmediato. Se quedó en silencio mirando a los ejecutivos por si alguien tenía algo más que decir.

La jefa de recursos humanos levantó la mano, esperando que le dieran la palabra:

—¿Sí, Suzanne?

—Hace seis meses pusimos en marcha un programa de formación, en parte presencial y en parte *online*. Abarcamos desde revisiones a la comunicación efectiva, pasando por las entrevistas personales. Todo gerente pasó por el proceso y no se me ocurre nada más para conseguir que mejoren en su eficacia.

Dudó antes de continuar.

—Yo creo que lo que tenemos es un problema de empleados. Y hay escasez de gente buena ahí fuera. Reclutar empleados es toda una pesadilla.

Brian la dejó acabar y se tomó unos segundos para pensar lo que iba a decir.

—Suzanne, tengo que estar en desacuerdo con usted: no hay escasez de gente válida.

Ella lo contradijo de manera educada:

—Pero usted mismo acaba de decir, hace un minuto, que la calidad de los empleados era pobre.

—No –especificó–. He dicho que *su comportamiento* era pobre. Las personas que hemos contratado están bien. No son diferentes de los empleados contratados por la competencia.

En ese momento, los ejecutivos parecían desconcertados, y Brian percibía cómo todos se preguntaban si sabía de lo que estaba hablando.

—Lo que les pasa es que no están siendo bien dirigidos. Y eso sucede cuando sus gerentes no están siendo, a su vez, bien dirigidos.

Ahora todos fueron conscientes de que estaba hablando de ellos.

El tercer vicepresidente regional, un hombre de más o menos la misma edad que Brian, habló en primer lugar:

—Discúlpeme, Brian. No quiero parecer que estoy a la defensiva, pero nos ha dicho que podíamos contradecirlo si pensábamos que se está equivocando en algo.

Brian asintió con la cabeza.

—Absolutamente. Dispare, Frank.

—Vale. Parece que usted ha llegado a algunas conclusiones específicas tras un espacio de tiempo más o menos breve en la compañía. ¿Realmente tiene usted tan alto grado de seguridad después de sólo nueve días, como para decir que no estamos haciendo bien nuestro trabajo?

Brian negó con la cabeza.

—No, no puedo, Frank. Pero mi seguridad no se basa tan sólo en mis observaciones sobre la DMS en las pasadas dos semanas. Se basa en el hecho de que la gran mayoría de compañías están mal dirigidas. Y no necesito pasar seis meses hinchando pelotas en Las Vegas ni vendiendo deportivas en Eugene para ver con claridad que nosotros también estamos dirigiendo mal. Nuestros gerentes son un puñado de gente desgraciada y amargada con sus empleos.

Toda la sala tuvo que tomarse un momento para digerir el escueto pero sensato e implacable discurso del nuevo director ejecutivo.

—¿Y qué se supone que debemos hacer? –preguntó Rob.

—Quiero que se metan de lleno en la formación de los gerentes.

Brian no se sorprendió al ver que muchos de los miembros de su equipo alzaban la vista.

El jefe de promociones, un tipo grandote llamado Spencer, habló el primero.

—Pues yo no sé de dónde vamos a sacar tiempo para formaciones antes de que acabe el trimestre. Quiero decir que la semana próxima tenemos ferias diversas y un contrato comercial con Asia que debe estar listo para el próximo mes.

Kelly, la directora financiera, añadió:

—Y nos están apretando para que cerremos los libros contables. Éste es el momento más loco del año, Brian.

Entonces Suzanne preguntó:

—¿Cuándo quiere que se ponga en marcha la formación?

Brian miró su reloj y dijo:

—¿Qué les parece justo después de almorzar?

ENSEÑAR A PESCAR

En los siguientes veinte minutos, Brian explicó su teoría sobre la amargura en el trabajo. Empezó con el tema del anonimato, siguió con el de la irrelevancia y, por último, con la falta de valoraciones y cuantificaciones. Cuando acabó, se enfrentó a una avalancha de preguntas y a la resistencia de su equipo.

Spencer intervino el primero, con un tono visiblemente sarcástico.

—Permítame que me aclare. ¿Nos está diciendo que tenemos que tratar a nuestros gerentes como personas, más que como empleados, decirles que ellos marcan la diferencia en las vidas de otros individuos y luego tomarles de la manita para ayudarles a que encuentren el modo de medir su éxito en el trabajo?

Brian se echó a reír.

—Bueno, lo dice de un modo bastante más infantil de lo que en realidad es, pero sí, se trata de eso.

La sala estaba estupefacta. En realidad, Brian había dicho lo mismo que muchos de ellos pensaban.

—Llegados a este punto, se estarán preguntando de dónde me han sacado a mí y cuánto tiempo les llevará buscarse un trabajo nuevo.

La sala estalló a carcajadas tan fuertes que a Brian le pareció que en realidad lo iban a hacer, lo cual atribuyó a la exactitud y sensatez de sus palabras. A pesar de ser un hombre con mucho sentido del humor, se quedó desconcertado. Decidió entonces apretarles un poco más las tuercas.

—¿Qué creen ustedes que voy a hacer? ¿Llegar aquí y darles la receta mágica para vender productos deportivos como rosquillas? ¿O facilitarles una estrategia de precios que aumente las ventas de algún modo sin perjudicar los beneficios?

Aunque era una pregunta retórica, Rob respondió de manera espontánea.

—Estaría encantado de que así fuera.

La gente volvió a reír.

Brian sonrió, pero agitaba la cabeza con incredulidad.

—Así, ¿me están diciendo que el problema de Desert Mountain es que la gente que está ahí en esta sala no conoce su mercado suficientemente? ¿Es eso? ¿Esperan que llegue aquí alguien caído del cielo, más inteligente que ustedes, que les diga cómo tienen que llevar su negocio? Porque si es eso lo que necesitan, creo que tenemos un grave problema.

Los ejecutivos se miraban los unos a los otros. Brian sabía lo que estaba haciendo.

—Miren, nadie es capaz de hacer eso por ustedes. Puedo asegurarles que en esta sala no faltan habilidades intelectuales ni conocimiento del sector, pero aun así estamos en apuros. En ese sentido, entiendo que tenemos dos opciones: podemos tirar la toalla y empezar a buscarnos otro empleo o pueden ustedes empezar a escuchar a este nuevo director ejecutivo que pretende convertir el trabajo de todos los empleados en algo repleto de sentido. Escojan, señoras y señores.

Brian se apoyó en la pared y dejó que la situación fluyera sola. Pasaron unos diez incómodos segundos antes de que Kelly tomara la palabra. Mientras miraba a la pizarra en la que Brian había escrito su teoría, dijo:

—Bueno, tengo que admitir que todo lo que ha expuesto tiene sentido.

Hizo una pausa, esperando que alguien interviniera. Pero nadie lo hizo, así que siguió sola.

—La verdad es que todos sabemos que la gente que trabaja en las tiendas es infeliz. Al menos los que no nos han dejado aún. Incluso los gerentes que se pasan por aquí de vez en cuando, nos ponen su mejor cara, pero es evidente que cuando se van a sus zonas se sienten frustrados –se corrigió a sí misma–, o quizás debiera decir *amargados*, tanto como sus empleados.

Rob asintió.

—Mis gerentes están totalmente quemados. Lo único que me consuela es que los gerentes de las otras compañías también lo están.

—Bueno, yo tengo que decir que mi equipo no está tan mal.

Era Spencer quien hablaba, aunque su intervención no era muy convincente.

—¿Eso crees? –preguntó Suzanne.

Entonces sacudió la cabeza.

—No es que lo crea, es que lo sé.

La jefa de recursos humanos continuó:

—Bueno, de acuerdo con los datos de que dispongo y con las cosas que he oído sobre tu equipo, actualmente estáis un poco por debajo de la media en lo relativo a facturación y satisfacción.

—¿En serio?

Asintió con la cabeza y Spencer pareció creérsela sin reservas, aceptando la realidad.

A Brian le parecía que el equipo se estaba abriendo, en parte debido a la desesperación y en parte porque estaba empezando a ver los beneficios de aplicar su teoría. Por lo menos eso le parecía a Brian y le dio ánimos para seguir adelante.

—Tienen que creerme porque ya lo he hecho antes.

Evidentemente se ahorró decir que su único experimento completo había sido en un restaurante italiano de mala muerte, justo a la salida de la autopista de Tahoe.

—Si esto va a marcar la diferencia para ustedes, económicamente hablando, no puedo saberlo. Pero que va a tener un gran impacto positivo, de una forma u otra, eso puedo asegurarlo.

Se quedó un momento callado, viendo que algunos ejecutivos estaban aún al otro lado de la barrera.

—Y es evidente que tendremos que tomar decisiones difíciles en torno a productos, precios y geografía, pero, honestamente, no creo que sea en esos ámbitos donde encontremos la quintaesencia. De verdad que no lo creo.

Brian percibía que se iba acercando a los reticentes, poco a poco, cada vez hacía que se acercaran más a sus posturas.

—Y ahora viene la parte en la que tengo que convertirme en un hueso duro de roer –sonrió–. Cuando se hayan tomado un poco de tiempo para pensar y reflexionar sobre todo lo que hemos dicho. Quiero que todo el mundo se pase por mi despacho para decirme si está dentro o si se queda fuera. Porque no quiero medias tintas ni gente comprometida a medias en mi equipo. Pero no me lo tomaré como algo personal si alguien decide que no quiere participar en el proyecto.

Brian no estaba del todo satisfecho con la reacción de su público, así que los exhortó.

—Dejen que les diga una última cosa. Si se meten en este proyecto, sus carreras profesionales no volverán a ser las mismas. Todos se irán a sus casas, al finalizar la jornada, con una gran sensación de satisfacción, como nunca antes han experimentado. Se lo garantizo.

Y con eso se dio la vuelta para borrar la pizarra como un profesor cuando acaba la clase.

—Estaré en mi despacho el resto del día por si alguien quiere venir a hablar de este tema. Porque cuanto antes sepa los que están a bordo del proyecto, antes empezaremos a desarrollarlo.

Brian se quedó catatónico con lo que sucedió después.

POR ENCARGO

Conforme el grupo iba saliendo poco a poco de la sala de reuniones, Spencer volvió a hablar.

—Un momento por favor. Escúchenme todos.

La gente se quedó inmóvil.

—¿Para qué vamos a esperar? Vamos a hacerlo ahora.

El silencio de la sala y el tono de voz de Spencer eran escalofriantes. Y Spencer continuó.

—Caray, ha parecido mucho más siniestro de lo que esperaba.

La risa general suavizó el ambiente.

—Pero si es una buena idea, que no estoy yo seguro de que lo sea, podríamos acabar con el tema ya. Además, así tendré una idea más clara sobre si quiero quedarme o no.

Lou metió baza.

—Yo me aclararía más aquí que no pensando solo en mi despacho.

Brian observó a todo el mundo y le pareció que todos estaban de acuerdo.

—Por mi parte, ningún problema.

Los ejecutivos volvieron a ocupar sus asientos alrededor de la mesa.

Brian tenía sentimientos encontrados sobre lo que acababa de pasar. Por una parte, el tiempo que tenía por delante le hubiera dado una oportunidad para ganarse el equipo para su causa, hablándoles uno a uno. Y por otra parte, si no conseguía sacar adelante su proyecto, la compañía se iría a pique delante de sus narices.

—De acuerdo –dijo suspirando profundamente–. ¿Quién quiere empezar?

EL JUICIO

Nadie decía nada. Finalmente, Spencer levantó la mano.

—Por favor un voluntario. –Hizo una pausa de un instante–. Como por ejemplo Rob.

Todo el mundo rio. Brian estaba encantado con la frivolidad.

—Ahora en serio –explicó Spencer–, creo que podríamos empezar con una de las regiones. A mí me gustaría intervenir después de Rob.

Todas las cabezas asentían y Brian dio la salida.

—Muy bien, Rob. Soy su jefe y entre mis funciones está asegurarme de que sabe que sé quién es, que sabe la importancia que tiene su trabajo para otras personas que dependen de él y que tiene una forma eficaz de cuantificar sus logros. ¿Por dónde deberíamos empezar?

—¡Me llevo la irrelevancia por quinientos!

Los colegas de Rob le rieron la broma del «quién da más». Brian, en cambio, esperaba que fuera tan abierto de mente como chistoso.

—¿Y por qué quiere empezar por ahí?

—Pues no lo sé. Lo del anonimato me parece un poco absurdo. Y no creo que tengamos carencias en el ámbito de las cuantificaciones, no sé si ha visto el tren de informes que carga Kelly.

Todos rieron.

Brian quería discutir con Rob por qué el tema del anonimato le parecía absurdo, pero decidió dejar fluir la reunión.

—Perfecto, empecemos, pues, con la irrelevancia. Respóndame a esta cuestión: ¿su trabajo supone una diferencia significativa para la vida de alguna persona? Obviamente no me refiero ni a la familia ni a los amigos fuera del trabajo, sino aquí, en Desert Mountain.

Como Rob estaba a punto de salir con una de sus gracias, Brian se lo impidió explícitamente:

—E intente ser serio, por absurdo que le pueda parecer.

Rob pensó durante unos segundos. Por último admitió:

—En realidad no lo creo. Me refiero a que puedo ser amable con la gente con la que trabajo. Puedo ayudar a mis gerentes en su labor para que consigan bonificaciones. Pero no tengo claro si todo eso resulta significativo. –Hizo una pausa–. Supongo que no es la respuesta que está esperando pero no puedo decir nada más.

Brian sonrió.

—No, no exactamente. Pero me gusta porque es una respuesta honesta.

Continuó entonces.

—Vamos a tomar a uno de sus gerentes como ejemplo. ¿Quién es su gerente más joven o el último en haberse incorporado?

Rob pensó un momento.

—Tal vez sea el chico de Bend, en Oregón. Se llama Peyton.

—Bien. Hábleme de Peyton.

Rob se quedó de piedra intentando recordar lo que sabía sobre Peyton.

—Empezó hace unos meses. Tiene unos treinta años aproximadamente y estuvo en el ejército durante ocho años. Dos de sus empleados se largaron la misma semana que él llegó y los números de sus beneficios y ganancias han descendido.

—¿Está frustrado?

—Eso espero, dados sus resultados. Pero es imposible saberlo cuando se habla con él porque intenta ser positivo conmigo. Pero me temo que se siente estresado por la situación.

—¿Tiene familia?

Rob se lo pensó un momento.

—Sí, está casado y creo que tiene dos o tres niñas y un niño.

Las caras de los ejecutivos empezaron a congestionarse al empezar a ver a Peyton no como un empleado, sino como un ser humano en apuros. Brian apretó más.

—¿Le parece que a Peyton le importa su trabajo?

—Sí, seguro. Quiere tener un colmado grande cuando pueda.

—Más allá de todo eso, ¿cree que el nivel de éxito que experimenta, su sentido del deber, afecta a su forma de relacionarse con su familia o sus amigos?

—No lo sé, supongo que sí.

—¿Qué quieres decir con «supongo que sí»? –intervino Suzanne–. ¡Evidentemente que sí!

—¡Vale, seguro que sí, este trabajo es importante para Peyton! –dijo Rob.

Brian siguió con sus preguntas sintiéndose como un abogado durante un juicio con un testigo que está contra las cuerdas.

—¿Cuántos de sus hijos están en la escuela? –Antes de darle tiempo para responder, siguió preguntando—: ¿Van a una escuela privada o a la pública? ¿Tiene seguro médico? ¿Su mujer y él son propietarios de una casa? ¿Planifican vacaciones de verano para toda la familia?

Rob se echó a reír.

—¿Pero cómo voy a saber yo todo eso? ¡Ni siquiera soy capaz de decir lo que hará mi familia estas vacaciones!

Esta vez Brian no se rio con él porque lo que estaba a punto de decir era realmente serio.

—Ésa es la cosa, Rob. Y creo que lo sabe en el fondo. Tiene la oportunidad de marcar una diferencia sustancial en la vida de Peyton. Y en la vida de los otros nueve gerentes que dirige. Tal vez no haya ninguna otra persona en el mundo, ahora mismo, que pueda aportar a esos gerentes sentido del deber cumplido y paz mental.

La sala estaba en silencio absoluto. Cautivada.

—Y ésa es la definición de relevante, amigo mío. Y si no le parece que eso tiene que ver con la forma en que hace su trabajo… –Brian no tuvo que acabar la frase.

Al principio, Rob miraba a Brian como si lo estuviera regañando. Pero ahora asentía con la cabeza, de modo que Brian y el resto de la sala supieron que había pillado el concepto.

Entonces habló Spencer.

—La próxima vez que vea a Peyton, creo que le daré un abrazo.

La sala rio.

Kelly intervino.

—Así que Rob necesita saber qué pasa con sus gerentes y tiene que entender que él puede causar un impacto en sus vidas.

Brian aclaró:

—Él *tiene que* marcar una diferencia en sus vidas.

—Vale. ¿Y qué pasa con las valoraciones?

—Bueno, por lo que he podido ver, no tenemos carencia de valoraciones. El problema es si valoramos demasiados elementos o si valoramos los suficientes.

—¿Qué quiere decir? –preguntó la directora financiera a la defensiva.

—Bueno, una cosa son las valoraciones y cuantificaciones que hacemos con los datos operacionales y financieros para ayudar a la compañía a salir adelante. Sería una locura no hacer ese trabajo. Pero Rob no puede utilizar ese tipo de medidas para dirigir a sus gerentes en el día a día. Debe tratarse de algo más regular, más comportamental, algo que le dé a Rob orientación sobre si está haciendo bien su trabajo o no. Y necesita poder medir por sí mismo sus propios logros.

—¿Y qué valoraciones serían ésas? –preguntó Rob.

—No lo sé exactamente porque depende de cómo pueda influir usted más en sus gerentes.

En ese momento, Lou hizo la mejor pregunta del día:

—Brian, ¿cómo va a medir usted su forma de asesorar a Rob?

De repente, todo el mundo estaba atento a la respuesta. Brian no tuvo que pensárselo mucho.

—Voy a querer saber cuánto habla Rob con sus gerentes. Creo que debería mantener contacto regular con ellos, pero más allá de mandarles un correo electrónico y los informes pertinentes. Les voy a preguntar a todos sobre la interacción que mantienen con ellos –dijo, mirando a Frank y a Lou.

Brian continuó.

—Y voy a pedirle que mida cuántas veces los asesora, ya sea porque se lo pidan, ya sea porque concluye que lo necesitan para regentar mejor las tiendas. De la manera que yo lo veo, si está haciendo estas cosas y se interesa por lo que les pasa a sus gerentes, todo debería empezar a ir mejor.

Spencer tomó la palabra de nuevo.

—¿No le parece que debería ver la rentabilidad y los inventarios?

Brian no veía la necesidad de responder a la pregunta por segunda vez, pero quería que el equipo captara bien el concepto.

—Claro que sí. Pero no cada día. Miren, la dirección es una tarea diaria. Pero la estrategia comercial y los informes financieros no lo son.

Más de un ejecutivo tomó apuntes mientras lo escuchaban.

—Vale, pues. Cuando añada todo esto a mi organización diaria, ¿qué debería pedir que valoraran a mis gerentes? –era Rob quien preguntaba y parecía esperar ansioso la respuesta–. Me imagino que tendrá algo que ver con la relación que mantienen con sus empleados.

Brian asintió. Lou intervino.

—Hace poco he llegado a la conclusión de que el mejor gerente es el que emplea menos tiempo en tratar con clientes y pasa más tiempo alimentando las relaciones con sus empleados, hablando sobre lo que hacen bien y lo que se podría mejorar.

—¿Y por qué no lo están haciendo ahora? –preguntó Brian.

Frank se rascó la cabeza.

—Porque los ponemos a escribir informes durante todo el día y no les enseñamos cómo dirigir a sus empleados.

Eso era exactamente lo que Brian esperaba escuchar.

Aunque una parte de Brian quería seguir empujando, pudo ver que el equipo estaba un poco abrumado, cansado ya, y lo mejor era dejarlo aquí, dejar que la gente se fuera a descansar y convocarlos para otra reunión.

—Muy bien, hablaremos de todo esto y de más cosas la semana que viene. Mientras tanto, me gustaría, Rob, que te quedaras unos minutos para que hablemos sobre cómo podemos hacer un test en una de tus tiendas.

Cuando todo el mundo se marchó, ambos ejecutivos estuvieron una hora más planificando. Brian se sorprendió de la agresividad de las ideas de Rob, y cómo su parte cómica desaparecía en su programa.

DE UN TIRÓN

El plan disponía que Brian, Rob y uno de sus gerentes se reunieran con los empleados de la tienda, fuera de horario laboral, para discutir la manera en que iban a transformar la forma de dirección y cómo se iba a tratar a los clientes.

A Brian la idea le entusiasmó desde el principio y su emoción no hizo sino crecer tras una visita de incógnito a la tienda.

En realidad, Brian no se reconocía a sí mismo con semejante conducta cercana al espionaje, así que le pidió a Leslie que fuera por él. Ella estuvo de acuerdo de inmediato.

—Además, necesito zapatillas y botas de esquí nuevas.

En cualquier caso, su experiencia resultaría muy ilustrativa para Brian.

Primero, necesitó más de veinte minutos para conseguir que algún dependiente la ayudara. Después, cuando solicitó consejo a la hora de adquirir el producto, el empleado no tenía ni idea y, para acabarlo de arreglar, fue incapaz de encontrar un compañero que supiera aconsejar a la compradora. Finalmente, aunque las botas que Leslie decidió comprar estaban de oferta, el cajero se las cobró a precio normal, y cuando Leslie le avisó de su error, el cajero se enfadó con ella por tener que repetir la transacción.

Basándose en esta información, a Brian no le resultó difícil convencer a Rob para que usara la tienda de Tahoe como programa piloto, al que Rob llamaba «la intervención». La tienda era una buena elección no sólo porque tenía serios problemas para consolidar empleados y un mal servicio a los clientes, sino por su proximidad a Bailey, que hacía que el directivo tuviera cerca su vigilancia.

El lunes por la tarde, la noche antes del evento, Brian y Rob se encontraron con el gerente de Tahoe, Eric, para explicarle lo que iban a intentar conseguir y prepararlo lo mejor posible para los cambios que iban a tener lugar en el negocio. Que no estuviera demasiado cómodo con la idea no le importaba mucho a Brian, que estaba completamente convencido de que cierta incomodidad era justo lo que la compañía necesitaba.

La mañana siguiente, a las ocho en punto, dos horas antes de que la tienda abriera sus puertas al público, los quince miembros del equipo estaban reunidos para trabajar. Eric creó un espacio para la reunión desmontando unas tiendas de campaña y las tarimas de exposición de la sección de zapatería.

Rob, a quien Brian apreciaba cada día más, empezó la sesión con la mejor introducción que Brian había oído en su vida.

—Gracias a todos por haber venido. La razón por la que estamos aquí reunidos es que nuestra compañía tiene serios problemas. Estoy seguro de que no os sorprende. Los beneficios van disminuyendo poco a poco. Nuestros competidores se están quedando todo el negocio, y también los clientes. Además, parte de nuestros mejores empleados han comenzado a irse el año pasado.

Hizo entonces una pausa para concentrarse.

—Pero eso no significa que cada tienda esté cayendo en picado. Algunas van mejor que otras. –Hizo otra pausa para dejar el próximo punto particularmente claro–. Ésta no es una de esas tiendas.

La mayoría de los empleados, incluido Eric, que estaba sentado detrás de Rob, ahora parecían más incómodos. Rob prosiguió.

—¿Y sabéis de quién es la culpa? –Hizo otra pausa, pero no tardó en responder–. En parte es vuestra. –La audiencia empezó a moverse en sus asientos–. El servicio que los empleados de esta tienda ofrecen a sus clientes está siendo realmente pobre.

Tras abstraerse un momento, continuó.

—Pero la mayor parte de culpa recae en Eric –entonces se dio la vuelta para mirar al gerente, que estaba ya en shock–. Después de todo, él es el responsable de la tienda.

Eric intentaba desesperadamente parecer impasible, como si ya supiera que su jefe iba a decir una cosa semejante.

—Pero más culpable que Eric soy yo mismo. Después de todo, yo soy el responsable directo de todas las tiendas de Nevada.

Entonces se dio la vuelta hacia Brian y dijo:

—Y este hombre que veis es nuestro nuevo director ejecutivo. Si dentro de seis meses las cosas no han mejorado, entonces la culpa será suya. Después de todo, él es quien dirige toda la compañía.

Tras una pequeña pausa, Rob acabó su discurso.

—Además, no veo por qué no íbamos a escuchar lo que nos tiene que decir, ni por qué no íbamos a hacer lo que nos diga que hagamos. Porque cuando nos fijamos en nuestra situación actual, vemos que no tenemos nada que perder. ¡Por el amor de Dios, ya estamos perdiendo!

Y con eso se volvió hacia su jefe y dijo:

—¿Brian?

Los ánimos ahora eran melancólicos y abatidos.

—Bien, voy a haceros una pregunta a cada uno de vosotros, pero no quiero que me la respondáis de inmediato. Simplemente pensad en ella durante unos minutos. –Hizo entonces una pausa–. ¿Creéis que tenéis un buen trabajo?

Brian dejó la pregunta en el aire.

—Este trabajo en Desert Mountain, ¿puede denominarse un «buen trabajo»?

Tras dejarles un momento para pensar, quiso provocar una respuesta.

—¿Quién quiere empezar?

En los siguientes minutos, los diferentes miembros del equipo fueron compartiendo respuestas que iban desde el «no lo sé», al «puede», pasando por el «sí» y el «supongo que sí». Una chica, de veintitantos años, dio la respuesta más honesta.

—Espero no estar metiendo la pata ahora –miró a Eric–, pero creo que éste no es un trabajo particularmente bueno.

Brian la animó a que se explicara más.

—No, no estás metiendo la pata. Me gusta que seas honesta y digas lo que piensas. Dime qué consideras tú un buen trabajo. ¿Quién crees que tiene un buen trabajo?

La chica se lo pensó un poco y dijo:

—Creo que un buen trabajo es aquel en el que trabajas poco y te pagan un montón de dinero, claro.

Todo el mundo se echó a reír. Brian intervino.

—Vale, de acuerdo. ¿Y quién tiene un trabajo así?

—¿Quieres decir a quién conozco yo?

—No necesariamente. Me refiero a qué tipo de trabajo podría ser ese del que hablas. ¿Quién crees tú que tiene un trabajo así?

—No lo sé. –Se quedó pensativa–. Quizás una modelo.

Brian asintió como estando de acuerdo.

—Muy bien, una modelo de moda. Se les suele pagar una millonada y la verdad es que no parecen hacer un gran trabajo. Lo que dices tiene sentido.

La empleada estaba encantada porque el director ejecutivo de la compañía estaba de acuerdo con ella.

—¿Creéis que a las modelos les gusta su trabajo?

Nadie contestaba, así que Brian se explicó mejor.

—Quiero decir que me parece que muchas de ellas tienen desórdenes alimenticios, relaciones amorosas tempestuosas y problemas de drogadicción. Yo no sé vosotros, pero yo nunca he visto a las modelos y he pensado «mira, éstas parecen realmente felices con sus trabajos».

La totalidad del equipo estaba de acuerdo con lo que Brian decía, riendo y asintiendo con la cabeza.

Un empleado alzó la mano.

—Pues yo creo que ser un atleta profesional suena bastante bien.

A Brian le gustó que se animaran a participar.

—¿Y eso por qué?

—Bueno, están bien pagados por hacer algo que les gusta y con lo que se divierten, no como el resto de los mortales.

Brian asentía pero con el ceño fruncido.

—Vale, supongo que debe haber atletas a los que pagan una pasta por pasárselo bien. Pero no muchos de ellos llegan a ese nivel. Y me parece que la gran mayoría de ellos no son tan felices. Quiero decir que muchísimos de ellos acaban saliendo en las noticias por pegar a sus mujeres o por doparse y muchos dilapidan sus fortunas y acaban en la ruina.

Entonces Eric tomó la palabra.

—Muchos de vosotros sabéis que yo he jugado al baloncesto profesional. Con los Rangers. A punto estuve de jugar. Conseguí la doble A y sabéis que eso es estar muy cerca de la categoría más alta. Aunque no os lo creáis, no ganaba mucho más dinero del que gano ahora, y encima no me lo pasaba tan bien como creéis. Las ligas inferiores son un tormento hasta que se llega a ser una estrella.

La audiencia escuchaba con sumo interés y con sorpresa al saber que Eric había estado en ese mundillo.

Alguien de las filas traseras hizo una pregunta.

—¿Y qué tal es ser un director ejecutivo? Porque, visto desde fuera, suena muy bien.

El equipo se echó a reír.

Brian sonrió.

—No te voy a engañar. A mí me gusta ser directivo. En realidad me encanta. Pero la mayoría de directivos que conozco no son tan felices como yo. De hecho, puedo afirmar que la mayoría están poco satisfechos con sus trabajos. Ésa es una realidad.

La gente parecía sorprendida, cuando no recelosa, con el comentario del director ejecutivo.

Brian continuó.

—¿Qué creéis que convierte un trabajo en algo bueno? Más allá del dinero, ¿qué hace que alguien esté contento con su trabajo?

Como el ambiente ya se había caldeado un poco, varios empleados opinaron de formas diversas, desde la comodidad del entorno a tener un jefe agradable, pasando por la libertad para tomar decisiones. Uno de ellos dio una de las respuestas más interesantes:

—Yo lo que quiero es ganar.

A Brian no le pasó desapercibido el comentario.

—Muy bien. Voy a dejar de haceros preguntas y os voy a decir lo que yo creo y lo que vamos a hacer a partir de ahora. Y lo que voy a decir no tiene por qué ser lo mismo que queréis escuchar, pero no pasa nada. No voy a odiar a nadie que no quiera formar parte de la nueva realidad, aunque estoy seguro de que la mayoría de vosotros querréis.

Hizo una pequeña pausa para crear suspense.

—En primer lugar, creo que la gente merece estar a gusto con su empleo y que es función de los jefes conseguir que eso sea así. De ahora en adelante, Eric tendrá que trabajar duro para ayudaros a que os guste vuestro trabajo. Los mismo que Rob hará por él, y como yo tendré que hacer con Rob.

Los empleados miraban con escepticismo y con esperanza al mismo tiempo.

—En segundo lugar, creo que la compañía se merece unos empleados que cuiden del negocio y den lo mejor de ellos mismos para que sea un éxito. A partir de ahora, será responsabilidad de todos hacer lo mejor para Desert Mountain y sus clientes.

Sonrió.

—Es mi deseo más sincero que en las próximas semanas y meses, todo el que quiera estar aquí sea feliz viniendo a trabajar, más de lo que ahora lo pueda ser, que a los clientes les guste comprar aquí más de lo que ahora pueda gustarles y que la directora financiera, Kelly, pase más tiempo contando el dinero de los beneficios del que ahora pasa.

Los empleados rieron con educación.

—Y así es como vamos a trabajar.

Entonces, Brian estuvo veinte minutos explicando los peligros de no medir los logros laborales y los peligros de la irrelevancia. Decidió que el tema del anonimato era algo que sólo Eric debía escuchar y que, si los empleados lo escucharan, sólo iba a servir para forzarlos.

El equipo se dividió en dos grupos, cada uno con Brian y Rob al frente, los cuales trabajaron para identificar la clave de sus valoraciones y a qué personas impactan con su labor. Cerca de una hora después, Rob y Eric empezaron a ver que los empleados parecían tener un nivel de energía mucho más alto.

A sólo quince minutos de abrir las puertas al público, Brian agradeció a Eric y a su equipo el tiempo que le habían concedido y les aseguró que volvería de vez en cuando para ver cómo les iban las cosas. Incluso para comprar calzado cuando su rodilla estuviera curada.

Cuando abandonó la tienda con Rob, Brian sentía más confianza que nunca en su teoría y con el impacto positivo que podría tener en Desert Mountain Sport.

LA IMPLANTACIÓN

En los dos meses posteriores, Brian y sus vicepresidentes regionales fueron a todas y cada una de las veinticuatro tiendas, con intervenciones de dos horas, como la de Tahoe. Pero cambiar la cultura de una compañía de tamaño medio lleva su tiempo, y ver los progresos traducidos en beneficios financieros puede llevar más tiempo aún.

Algunas tiendas empezaron a ir mejor que otras y algunas necesitaron muchísima atención de los ejecutivos en las oficinas centrales. Unos cuantos jefes no soportaron el experimento y dejaron el DMS, pero la mayoría se mantuvo firme en sus puestos.

Durante el resto del verano, Brian pasó mucho tiempo asesorando a su equipo sobre cómo debía dirigir a su gente, especialmente a los gerentes. Siguió viajando para reforzar su programa, pero nunca en lunes ni en viernes, como le prometió a Leslie.

Cuando no estaba leyendo sobre irrelevancia, medidas y anonimato en la compañía, pasaba el tiempo en bancos con inversores y equipos ejecutivos, asegurándoles que vender la compañía antes de tiempo sería un error y que la empresa iría mejorando lo suficiente como para sacar un mejor precio por ella.

Finalmente, cuando se acercaban los seis meses de su llegada a Desert Mountain, Brian recibió las noticias que tanto había estado esperando.

Fue Kelly, la directora financiera, quien se las dio en una de las reuniones semanales.

—¡Señoras y señores: oficialmente anuncio que estamos creciendo otra vez!

Todo el equipo estalló en aplausos espontáneos.

EL IMPULSO

Durante los tres meses siguientes, las mejoras en DMS fueron aumentando a toda velocidad. Dos tiendas que estaban a punto de ser clausuradas estaban abiertas y a pleno rendimiento, incluso se estaba discutiendo en las oficinas la posibilidad de abrir un gran supermercado en Oregón.

Obviamente, las buenas noticias implicaban un interés renovado de los inversores por comprar la compañía. Mientras se preparaba para su reunión del tercer trimestre como director ejecutivo, Brian tenía sentimientos encontrados.

Como de costumbre, le consultó a su mujer para que lo ayudara.

—El equipo directivo cree que soy un héroe porque ha conseguido entre el 20 y el 25 % más de valor de compra.

—¿Y no te contrataron justamente para eso? –preguntó ella.

—Sí, pero creo que es más importante seguir mejorando y vender ahora sería un error. Tengo un montón de ideas.

Leslie frunció el ceño en tono de broma.

—Miedo me das cuando dices eso.

Esa tarde, en la reunión directiva, Rick Simpson presentó los diversos inversores interesados en la compra de DMS a precios más altos que antes. Cuando concluyó, se volvió a Brian y le pidió su opinión sobre cuál de ellos prefería.

—Northwest Athletics es mi primera elección.

Todos los miembros del equipo quedaron estupefactos con la respuesta. Entonces Rick dijo:

—Pero si ésos tienen una débil posición en el mercado y serían, seguramente, los que harían una oferta más baja. Brian, vender a esa gente no tiene ningún sentido.

—Oh, claro que no, estoy de acuerdo contigo. –La audiencia estaba desconcertada–. No estaba pensando en que ellos nos compraran, sino en comprarlos a ellos.

La reacción del equipo pasó del desconcierto a la curiosidad. Rick se limitó a sonreír. Al final, se tomó la decisión de dejar que Desert Mountain operara con independencia unos cuantos meses más y volver a examinar el tema cuando llegara el invierno.

Cuando llegó diciembre, la discusión del equipo fue de cómo vender la compañía a cómo hacerla crecer más. Cada mes que pasaba, las finanzas de la empresa se hacían más fuertes y el panorama competitivo empezaba a cambiar. Con el nuevo año, Brian y su energética ejecutiva se plantearon en serio comprar la Northwest Athletics, en tanto que pequeño competidor de California, confiando en que podrían hacerlo con otras compañías en apuros como antes habían querido hacerlo con DMS.

Y de repente lo frenaron.

PUÑETAZO A TRAICIÓN

En la primera reunión del equipo, en el nuevo año, cuando Brian estaba listo para presentar su proyecto para la adquisición de dos compañías que tanto él como su equipo conocían bien, el presidente anunció que tenía previsto vender Desert Mountain a una de las mayores empresas del país por un 60 % más de lo que habían previsto hacía menos de un año.

Brian no se lo podía creer.

Nadie entre los presentes, salvo Rick Simpson, parecía haberse percatado del estado de shock en que se encontraba Brian. El presidente fue aún más lejos, felicitando al director ejecutivo por haber hecho posible tan buen acuerdo.

Cuando acabó la reunión, Rick y Brian se fueron a tomar una cerveza.

—Les he querido hablar del tema, Brian, pero me resultaba muy difícil. La única razón de que yo estuviera en el equipo era, justamente, conseguir vender la compañía. Por mucho que me hubiese gustado que cambiaran de opinión, ellos no hubiesen querido. Son los dueños de la compañía y la quieren vender, no hay más.

Aunque Brian no culpaba a Rick de la venta, no podía dejar de discutir con él el tema.

—Pero podríamos haber encontrado inversores y hacer una absorción, ¿no?

Rick asintió.

—Sí, y tú podrías haber dirigido la compañía durante cinco años más y después venderla a una compañía más grande aún, por mucho más dinero. Pero tú no lo hubieras querido, ¿no?

Brian se lo pensó.

—No. No, si quiero seguir casado. Pero me sigue pareciendo una vergüenza.

—¿Por qué?

Brian parecía incrédulo.

—Porque ahí fuera hay mucha gente que ha trabajado duro para darle la vuelta a la tortilla, y ahora va a ver cómo cambia su trabajo, vete a saber cómo. Odio ver desaparecer todo lo que hemos construido.

—¿Quién dice que vaya a desaparecer?

—Venga, Rick. Ya sabes lo que va a pasar. ¿Realmente crees que una empresa de diecisiete mil millones de dólares va dejar que las tiendas sigan funcionando como lo han estado haciendo hasta ahora?

Rick negó con la cabeza.

—Tal vez no, pero eso no pasará hasta al menos uno o dos años. Además, ésa no es la cuestión, ¿no?

—¿Qué quieres decir?

—Quiero decir que esas personas seguirán trabajando y transmitirán las ideas que les enseñaste al siguiente lugar donde vayan a trabajar. ¿Es eso?

Brian tomó un trago de cerveza.

—Eso espero. No lo sé.

DÉJÀ VU

Tras tomarse unas semanas de descanso para pasar página de su paso por DMS, Brian volvió a sentirse en una especie de purgatorio. Junto con Leslie, tomaron una decisión en cuanto a la nueva fase de la jubilación, pero en esta ocasión con una perspectiva nueva.

Aunque a veces bromeaban al respecto, no había manera de que Brian volviera a trabajar en el Gene & Joe otra vez. Y tampoco se sentía preparado para jubilarse definitivamente. Leslie lo veía muy claro. Lo ideal sería que Brian pudiera encontrar otra aventura temporal, un reto que, al mismo tiempo, fuera flexible.

Durante varios meses Brian se contentó esquiando con Leslie, quedando con amigos en la pizzería que había calle abajo y leyendo el *Wall Street Journal* de vez en cuando, sin sentirse culpable por ello.

Y entonces volvió a llamarlo Rick Simpson.

OTRA

Una compañía de Londres, una lujosa cadena de hoteles, necesitaba asesoría urgente por un problema con los empleados que tenía un serio impacto en los clientes.

—Si puedes ayudarlos a reducir un poco las pérdidas –le explicaba Rick– se transformaría drásticamente su posición financiera. Además, eso te permitiría hacer tu magia a gran escala –añadió en un tono jocoso–. Estarías fuera en seis meses, máximo siete.

Leslie y Brian no tuvieron que discutir mucho el tema. Siempre les había hecho gracia vivir fuera, pero no podían planteárselo por los hijos, que de pequeños habían jugado al baloncesto, al fútbol y la niña hacía ballet.

—Estaríamos locos si no aceptáramos –dijo Leslie.

Seis meses más tarde, los Bailey estaban instalados en un apartamento de Kensington Gardens, en el centro de Londres. El resto del año disfrutaron del trabajo de Brian más que nunca, haciendo investigación de mercado en hoteles de cinco estrellas por todo el Reino Unido y por el continente europeo, con gran éxito.

Brian estaba deseando confirmar que sus ideas sobre cómo acabar con la amargura en el trabajo eran aplicables en otro sector y fuera de las fronteras de Estados Unidos. Pero más contento estaba, si cabe, con un paquete que le llegó una tarde desde Estados Unidos.

El matasellos era de South Lake Tahoe y el remitente era el restaurante. De pie en la cocina mientras Leslie hacía la cena, abrió la caja y descubrió lo que parecían dos camisetas del Gene & Joe. Después de sacarlas de la caja y de sus bolsas, Brian se quedó sin palabras cuando se dio cuenta de lo que tenía delante.

Debajo de un dibujo con dos caritas sonrientes, había unas palabras que rezaban:

«Migo & Joe: Pizza y Pasta. Aquí, allá, en todas partes».

EL MODELO

UN TRABAJO MISERABLE

Un trabajo miserable no es lo mismo que un mal trabajo.

Como ocurre con la belleza, la definición de un mal trabajo reside en el ojo del que lo ve. Algunas personas consideran que un trabajo es malo porque es físicamente agotador y requiere largas horas de esfuerzo bajo el sol. Para otros, un mal trabajo es aquel que no está bien pagado. Y para otros es aquel que está muy lejos de casa o que exige larguísimas horas sentado detrás de la mesa. En realidad, todo depende de quién eres, de lo que valoras y de lo que disfrutas con él.

Sin embargo, todo el mundo sabe qué es un mal trabajo.

Es ese que nadie quiere tener, y los que lo tienen no saben qué hacer para dejarlo. Es ese que te absorbe la energía incluso cuando no te tiene ocupado. Es ese que hace que regreses a tu casa, al final de la jornada, con menos entusiasmo y con más cinismo que los que tenías cuando saliste por la mañana.

Los trabajos miserables están por todas partes: empresas, cadenas de televisión, bancos, escuelas, iglesias, compañías de software, equipos de fútbol profesional y parque de atracciones. Y existen a todos los niveles, desde el alto ejecutivo hasta el recepcionista.

Es importante comprender que la amargura en el trabajo no está necesariamente relacionada con el trabajo en sí mismo. Un jugador de baloncesto profesional puede estar amargado en su trabajo mientras que la señora de la limpieza puede encontrarle todo el sentido y toda la compensación a su labor. Un ejecutivo de marketing puede estar amargado ganando un cuarto de millón de dólares al año mientras que la camarera que le sirve la comida cada día puede estar satisfecha con sus escasos ingresos.

Y ésa es la clave de la amargura en el trabajo. No es muy lógica y no tiene límites. Nadie es inmune.

EL COSTE DE LA AMARGURA

Sería imposible cuantificar de manera justa la cantidad de amargura en la fuerza de trabajo, pero mi experiencia me dice que hay más gente amargada con sus empleos que feliz con ellos. Y el coste de este problema, tanto en términos económicos como humanos, es asombroso.

Económicamente, la productividad sufre bastante con la falta de compromiso de los empleados. El efecto en los beneficios de una compañía o en las finanzas de un estado es innegable. Pero el coste social de la amargura en el trabajo es en gran medida abrumador porque provoca efectos muy negativos.

Un empleado amargado vuelve a casa, al final de su jornada laboral, frustrado y cínico; dicha frustración y cinismo recaen en su entorno inmediato –esposa, hijos, amigos, incluso en los desconocidos que van con él en el bus–. Ni siquiera ayuda la madurez emocional, porque la amargura del trabajo invade el resto de sus vidas.

¿Cuál es el efecto de esta invasión? En algunos casos se convierte en estrés y tensiones familiares, o en la incapacidad para valorar las cosas buenas de la vida. Por poco importante que pueda parecer, acaba impactando en la vida emocional y en la salud mental de la gente, muy profundamente y de manera que puede resultar irreversible. En algunas situaciones, sin embargo, un trabajo miserable puede provocar problemas tangibles e inmediatos, como el acceso a las drogas, al alcohol o a la violencia.

Es complicado hacer una estimación aproximada de la magnitud de los problemas causados por un trabajo miserable. Y mientras no se invente el trabajo perfecto y no haya sociedad sin problemas socioeconómicos relacionados con el trabajo, y si existiera una forma significativa de reducir la amargura en el empleo, sin ningún tipo de coste, ¿por qué no la íbamos a aplicar?

Yo creo que deberíamos hacerlo. El primer paso reside en la comprensión de la causa de un trabajo miserable.

LAS TRES CAUSAS FUNDAMENTALES

Son tres los factores subyacentes que hacen un trabajo miserable, y se pueden aplicar a casi todos los empleos sin importar la naturaleza del trabajo que deba realizarse.

EL ANONIMATO

La gente no puede conseguir plenitud en sus empleos si no se la conoce. Todo ser humano necesita ser comprendido y apreciado por sus cualidades únicas por alguien que esté en una posición de autoridad o la represente. Aunque parezca una perogrullada de lo más cursi, es una verdad innegable. La gente que se siente invisible, genérica o anónima no puede estar a gusto en el trabajo, sea lo que sea que haga.

LA IRRELEVANCIA

Todo el mundo merece saber que el trabajo que desempeña es útil para alguien. Para quien sea. Si no se ve la relación entre el trabajo hecho y la satisfacción de otra persona o grupo de personas, ningún empleado será capaz de encontrar sentido a su labor. Hasta el más cínico de los trabajadores necesita saber que su trabajo le importa a alguien, aunque sólo sea a su jefe directo.

LA FALTA DE MEDICIÓN

Todo empleado necesita ser capaz de medir sus progresos y su nivel de contribución por sí mismo. No puede sentir plenitud en su empleo si su éxito depende de las opiniones de otros, sin importar lo benevolentes que éstos sean. Sin una forma tangible para medir el éxito o el fracaso, se pierde la motivación y el trabajador acaba viéndose a sí mismo como incapaz para controlar su destino.

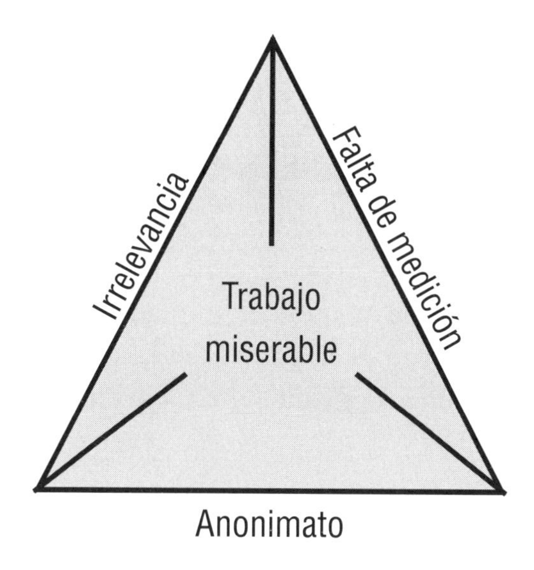

¿Parece simple? Absolutamente.

¿Obvio? Quizás.

Pero aunque lo sea, ¿por qué, entonces, tantos directivos, por no decir la gran mayoría, no se preocupan de proporcionar a sus empleados estos sencillos pilares para construir puestos de trabajo plenos de sentido?

Quizá porque es demasiado evidente. La gente educada suele tener problemas para meter las manos en soluciones simples. O quizá tenía razón el escritor decimonónico Samuel Johnson y lo único que necesita es que se lo vayan recordando cada dos por tres. Aunque lo más probable es que no sepa ni cómo empezar.

Sea cual sea el caso, las siguientes secciones de este libro proporcionan una profunda comprensión de las tres causas fundamentales de un trabajo miserable, los beneficios de reconducir la situación y lo que se necesita para convertir cualquier empleo en una tarea llena de compromiso y plenitud.

BENEFICIOS Y OBSTÁCULOS DE UN JEFE PARA CONSEGUIR EL COMPROMISO DE LOS EMPLEADOS

BENEFICIOS

Los beneficios para una organización que es capaz de construir una cultura de compromiso –y todo lo que se derive de dichos beneficios– merecen ser explorados antes de describir el programa para el compromiso de los empleados: incremento de la productividad, aumento de las ganancias, disminución de los costes y diferenciación cultural.

Incremento de la productividad

Los empleados que encuentran plenitud en sus trabajos se desempeñarán con más entusiasmo, pasión y atención a la calidad que sus colegas que no la encuentran, probablemente porque desarrollan un sentido de propiedad y orgullo por aquello que están haciendo. Eso implica que llegarán antes, se quedarán hasta tarde, abarcarán más áreas de responsabilidad y buscarán formas para mejorar su rendimiento, sin que nadie les pida ni exija nada de lo que se ha expuesto antes.

Aumento de las ganancias y disminución de los costes

En pocas palabras, un trabajador se mantiene en un empleo que le aporta plenitud todo el tiempo que le es posible, porque sabe que encontrar otro empleo igual de satisfactorio será relativamente difícil. Y lo que es más, los empleados comprometidos tienden a atraer a otros buenos empleados a su organización, ya sea mediante el reclutamiento activo como hablando con sus amistades sobre el entusiasmo que siente por su trabajo. El resultado de todo esto, para una empresa, es la significativa disminución de costes en el ámbito de la contratación de personal, la formación y despidos.

Diferenciación cultural sostenible

No debe despreciarse la oportunidad para diferenciarse de los competidores mediante la construcción de una cultura de compromiso laboral. En un mundo de ubicuidad tecnológica y rápida diseminación informativa, es difícil establecer ventajas competitivas sostenibles mediante la toma de decisiones estratégicas y tácticas. La diferenciación cultural, sin embargo, es más valiosa que nunca porque requiere empuje y disciplina, además de más creatividad o inteligencia.

Mediante estas líneas de trabajo, los directivos que trabajan para reducir los tres síntomas anteriores en sus empresas descubrirán efectos inesperados. Los empleados, por su parte, empiezan a mostrar más interés por sus compañeros, ayudándoles a encontrar el significado de su trabajo y mejores vías para conseguir su propio éxito, haciéndolo todo sin indicación alguna por parte de sus superiores. Sobre todo hacen suyas algunas responsabilidades en relación a las tres causas fundamentales de la miseria laboral. Irónicamente, ese comportamiento ya les aporta un gran sentimiento de significación, creando ventajas culturales sostenibles que sus competidores percibirán como difíciles de duplicar.

OBSTÁCULOS

¿Cuáles son los obstáculos que impiden a los empleados, a los directivos y a las empresas para las que trabajan aprovechar esta oportunidad?

Obstáculos para los empleados

Los empleados caen en el hartazgo porque ponen mucho énfasis en maximizar las compensaciones o en elegir el camino profesional correcto para promocionarse. ¿Tiene esto algo que ver con la irrelevancia? En absoluto. Incluso cuando te gusta lo que haces, si no puedes llevar a tu casa suficientes ganancias como para mantener a tu familia, tienes un serio problema entre manos. Si quieres ser ebanista y acabas detrás de una mesa haciendo de contable durante ocho horas, tu tope de plenitud laboral será bajísimo.

Sin embargo, incluso la gente relativamente bien pagada por hacer una cosa que le gusta (como los atletas profesionales, los altos ejecutivos o los actores, por poner algunos ejemplos) puede estar amargada con sus empleos si se siente anónima, si su trabajo resulta irrelevante o si no puede medir objetivamente sus logros. Tengamos en cuenta que el mundo está repleto de consejos para conseguir más dinero y sobre cómo escoger el camino profesional correcto y, aun así, la gente sigue sintiéndose miserable y amargada. No obstante, otras muchas personas que no están haciendo el trabajo de sus sueños ni ganan una riqueza pueden experimentar plenitud en el trabajo si sus superiores reducen el anonimato, la irrelevancia y la imposibilidad de medir sus logros personales en el trabajo.

Obstáculos organizativos

Llegado el momento para los directivos y las empresas que dirigen, los obstáculos para eliminar la miseria en el trabajo son diferentes. A menudo tardan mucho en darse cuenta de que tienen un problema de participación de los empleados con el negocio, de falta de compromiso y, cuando finalmente lo reconocen, suelen enfocar causas erróneas.

Muchas empresas sólo se ponen de acuerdo en admitir que tienen un problema de compromiso por parte de los empleados cuando éstos empiezan a dimitir. Por desgracia, en las entrevistas previas a la marcha del trabajador, éste suele justificar su dimisión con el argumento de que le van a pagar más en otra empresa. Tal circunstancia obliga a los profesionales de recursos humanos –y a los ejecutivos que los escuchan– a intentar subir salarios y buscar formas de compensación económica, aunque la última vez que utilizaron la misma estrategia no se apreciaron mejoras sustanciales en la conservación de empleados, ni mayor satisfacción laboral ni un aumento de la productividad.

El problema, evidentemente, es que los empleados que dimiten en raras ocasiones explican toda la verdad. En el momento en que alguien decide irse de una empresa, no tiene muchos incentivos para explicar «toda la verdad» a su antiguo jefe. Se va porque no han sabido dirigirlo adecuadamente, y sin una buena gerencia, todo empleo se vuelve miserable. Lo que las empresas deberían hacer es preguntar una cosa distinta: «¿Qué te ha hecho tomar esta decisión, en primer lugar?».

Incluso en los casos en que los ejecutivos son capaces de asimilar que la fuente primera del desapego laboral es una dirección pobre, su respuesta –tal vez bien intencionada– en muy pocas ocasiones es eficaz. Dicha respuesta suele tener que ver con aumento de la supervisión, incluyendo cursos obligatorios, objetivos a conseguir, evaluaciones de rendimiento y el ofrecimiento de indicaciones y consejos. Y aunque todos estos elementos estén muy bien y merezcan atención, el impacto de este tipo de acciones no suele ser inmediato, e incluso puede llegar a ser poco útil.

En parte por esto, en ocasiones no se consiguen los objetivos previstos, las evaluaciones son incorrectas, e incluso los consejos no se pueden poner en práctica cuando se acaba la formación. Todas las empresas tienen ciclos y calendarios que indican cuándo se tienen que hacer las cosas. Y mientras llegan esas fechas, los ejecutivos que imparten clases de formación para los empleados pierden el ritmo o bien se ven absorbidos por asuntos importantes que deben priorizar. A veces se juntan las dos cosas.

Lo que los directivos necesitan es una herramienta bastante menos mecánica y más emocional, que produzca de inmediato la satisfacción de los empleados. Y eso sólo se consigue eliminando el anonimato, la irrelevancia y la falta de cuantificación de logros.

El obstáculo emocional

Incluso cuando los directivos entienden y aprecian la importancia de estas tres causas, a la mayoría les cuesta mucho actuar en consecuencia dadas las limitaciones naturales de comportamiento de ellos mismos. Éste es un punto crítico que debe ser comprendido.

Para ser el tipo de líder que demuestra un interés sincero y auténtico por sus empleados, capaz de ayudar a su gente a descubrir la relevancia de su empleo, debe tener un alto nivel de confianza en sí mismo y de vulnerabilidad emocional. Sin ellos, los directivos se sentirán en extremo incómodos, incluso muy comprometidos, al tener simples conversaciones comportamentales con sus empleados. Se sentirán erróneamente como maestros de guardería o niñeras que tienen que pronunciar discursos infantiles, aun sabiendo que sus empleados –de todos los niveles– están deseando mantener con ellos ese tipo de conversaciones.

ANALIZAR Y ABORDAR LAS CAUSAS DE LA MISERIA LABORAL

ANONIMATO

Es muchísimo más difícil decidir dejar una empresa o un equipo (o una familia, dado el caso) cuando se siente que la gente del grupo sabe y comprende que eres un individuo único y necesario para el grupo propiamente dicho. Y la persona que puede tener la mayor influencia mostrando interés en cada uno de sus empleados es el jefe. Sí, incluso más de un director o de un ejecutivo tres niveles más arriba en la pirámide jerárquica, un supervisor necesita tener un interés genuino y personal por un empleado si pretende incrementar el compromiso de éste con la empresa y su nivel de satisfacción con el trabajo.

¿Qué significa exactamente tener un interés personal en alguien? He oído en algunos cursos de dirección cómo recomendaban a los supervisores que escucharan la misma música que escuchan sus empleados y que vieran los mismos programas de televisión que ellos. Aunque no dudo que pueda tener alguna utilidad en situaciones específicas, no me parece un paso ineludible.

Para empezar, puede resultar falso y ridículo escuchar a un directivo de cincuenta años ponerse a hablar con sus empleados más jóvenes sobre el último éxito de hip hop o sobre lo que ha visto en la MTV (para que quede bien claro, yo no la veo). Los empleados sólo podrían interpretarlo, en el mejor de los casos, como un falso intento de «colegueo» que apesta a la legua. El otro problema con la imitación cultural (si es que eso puede existir) es su naturaleza general y estereotípica que sólo sirve para reforzar la idea, entre los empleados, de que son vistos como una masa general.

Una manera mucho mejor de eliminar cualquier sentimiento de anonimato o invisibilidad de la situación de los empleados en el trabajo es, simplemente, *conocerlos*. Tomarse el tiempo para sentarse con cada uno de ellos y preguntarles cómo les va la vida. Algunos directivos recelan de este tipo de relaciones con los empleados, porque les parece que hacer preguntas de carácter personal roza la ilegalidad. No entienden que lo que es ilegal preguntar a una persona antes de contratarla se convierte en una forma de afecto humano cuando el empleado ya está en plantilla.

Sea como fuere, no quiero parecer falso. Cuando digo que un directivo necesita interesarse por sus empleados, me estoy refiriendo a un *interés genuino*. Para dirigir a otro ser humano de manera efectiva, se requiere cierto grado de empatía y de curiosidad sobre cómo piensa y cómo se puede contribuir para conseguir que sea una mejor persona.

Cuando se tiene un interés personal por un empleado no se actúa con él una sola vez, no es algo que se haga de vez en cuando como una tarea más en la agenda. Necesita ser reforzado y demostrado tantas veces como sea necesario. Una cosa es tener información, como que a la hija de tal empleado le gusta bailar. Y otra mucho mejor es preguntar qué viernes en concreto actúa la niña en el teatro. Es bueno saber que un colaborador vive con sus padres, pero es preferible saber sus nombres y preguntar por ellos cuando enferman.

Bien, si algo de lo que se ha dicho antes parece falso, bueno será que recordemos lo bien que nos sentaba a nosotros cuando uno de nuestros jefes se interesaba por nosotros en tanto que individuos con vida propia, en nosotros y en nuestra vida. Y si estás poniendo caras raras con todo esto, preguntándote qué narices tiene esto que ver con el desarrollo de un nuevo software o la cadena de ensamblaje de una fábrica, permíteme que te recuerde que nadie se levanta por las mañanas de la cama para programar software ni para ensamblar piezas ni para hacer nada de lo que se hace en el trabajo. La gente se levanta de la cama para vivir su vida y las tareas que realiza en su puesto de trabajo son tan sólo una parte de su vida. La gente necesita que la dirijan como seres humanos, no como trabajadores.

Si aún no estás convencido de que todo esto tiene sentido o que pueda ser aplicable a ti mismo, ha llegado el momento de considerar la posibilidad de abandonar tu postura como directivo y encontrar la forma de contribuir individualmente. Pero si estás en el barco, hay dos grandes monstruos más que debes destruir.

LA IRRELEVANCIA

La gente se pregunta por qué tantos deportistas de élite, estrellas de la canción o actores famosos tienen vidas tan erráticas e insatisfactorias. Es fácil culpar a las drogas, al alcohol y al materialismo como causas, pero a mí me parece que ésos son sólo síntomas de la causa base: un sutil temor a ser irrelevante.

Lo menciono porque es complicado entender que alguien que gana mucho dinero, mucho más de lo que cualquier simple mortal pueda conseguir haciendo algo que le guste, y que goza de la constante atención y adulación de fans y admiradores, pueda ser infeliz. Y tampoco es fácil comprender cómo una canguro o un simple recepcionista pueden ser felices con un sueldo escaso, casi con seguridad una pequeña fracción de lo que gana una estrella del rock o un atleta famoso. Creo que la respuesta tiene que ver con sentirse necesitado por los demás, con tener un impacto en la vida del prójimo.

Los seres humanos necesitamos ser necesitados por nuestros semejantes y ser recordados por nuestros logros. Precisamos saber que somos útiles para los demás, no sólo para nosotros mismos.

Cuando la gente no ve que cause impacto alguno en la vida de los demás, o lo que es peor, cuando se da cuenta de que su labor no impacta en nada ni en nadie de ningún modo, empieza a morir emocionalmente. El hecho es que Dios no creó a la gente para servirse a sí misma. Todo el mundo siente la necesidad de hacer algo que resulte útil a los demás y, si no lo consigue, aparece la amargura.

Algunos pensarán que los deportistas de élite, los actores famosos y las estrellas de la canción causan impacto en la vida de la gente, quieran o no quieran. Con eso tengo que estar de acuerdo. Sin embargo, no es menos cierto que acaban por perder de vista el impacto que causan o no ven las oportunidades que tienen de hacerlo. Ven sus trabajos como una serie de actividades individuales que no tienen ninguna relación con la vida diaria de las personas.

Todos los empleados, tanto si son estrellas del rock, ingenieros informáticos o maestros de educación infantil, deben responderse dos preguntas para poder establecer la relevancia de sus trabajos. Y es responsabilidad de sus jefes ayudarlos a hacerlo.

¿Quién?

La primera pregunta es «A quién estoy ayudando». El primer lugar donde hay que empezar a buscar el quién es entre los clientes. Para cualquier azafata, cajera de restaurante rápido, maestro, cura, médico, camarero o comerciante, la respuesta es sencilla. Pero para muchos empleados que están fuera del servicio al cliente, desde los directivos hasta el contable, la interacción con los clientes es rarísima o inexistente.

Para toda esa gente, la respuesta debería ser «clientes internos», es decir, otros empleados, compañeros de otros departamentos dentro de la misma organización. Si alguien está pensando que «dentro de una empresa, todo el mundo debe estar al servicio del cliente» le daré la razón. Pero eso no significa que los clientes sean las primeras personas impactadas directamente por nuestro trabajo en sus vidas cotidianas, y muchos de esos empleados puede que causen impacto en alguien que jamás verá ni conocerá.

Para un directivo, responder a la cuestión «¿En qué vidas estás ejerciendo un impacto?» incluirá de manera necesaria a su equipo ejecutivo. Los contables deberán pensar en las finanzas de la empresa y en los compañeros de cualquier departamento de su empresa. Incluso para algunos empleados, la única respuesta posible es «su propio jefe».

Bien, en apariencia contrario a todo lo que hemos aprendido sobre los deberes propios del liderazgo (un concepto que me encanta, por otra parte), a veces los jefes deben ayudar a sus empleados entendiendo que su trabajo ejerce impacto en ellos, en los jefes. Éste es un concepto áspero y difícil de digerir porque pone en entredicho la imagen del supervisor mismo, que se supone que tiene toda una serie de empleados a su entera disposición y no a la inversa. Lo cierto es que la mayoría de directivos minimiza el impacto real que el trabajo de sus empleados tiene en sus vidas, en el desarrollo de su carrera y en su propia satisfacción personal.

Y aquí radica su propia tragedia porque, a menos que consideren que el jefe es un cretino, todo empleado siente una enorme satisfacción y un empujón excitante cuando su jefe lo felicita o le agradece su labor y le explica que ha marcado la diferencia en su vida, de manera personal.

Piensa en ello otra vez. Es nuestro orgullo lo que nos impide dar a los empleados la satisfacción de saber que nos ayudan, que somos lo que somos gracias a ellos. Irónicamente, el resultado es que pensarán que lo damos por sentado, aunque no lo digamos.

Los jefes harían bien en decir las cosas como son y ser sinceros con sus empleados. «El informe que me hiciste para mi presentación ante el equipo directivo fue estupendo. Quedaron impresionados y me han pedido que te transmita su satisfacción con tu trabajo. Y yo tengo que decirte que gracias a tu informe he quedado muy bien ante el director ejecutivo. ¡Gracias!». Eso es lo mismo que decir: «¡Me has hecho parecer un campeón y no me olvidaré de ti cuando sea rico y famoso!». En cualquier caso es mucho mejor que el genérico «Buen trabajo».

Cuando los jefes pretenden que no aprecian el impacto que el trabajo de sus empleados tiene en su carrera y en su propia satisfacción laboral, están privando a su gente de sentir que son capaces de marcar la diferencia.

¿Cómo?

La siguiente pregunta que los jefes deben ayudar a responder a sus empleados, es: «¿Cómo estoy ayudando?». Y la respuesta a esta pregunta no siempre es obvia.

Cuando el camarero del servicio de habitaciones del hotel Embassy Suites, cerca del aeropuerto, le lleva el desayuno a un huésped, no sólo le está llevando comida. Está ayudando a un viajero agotado a sentirse un poco mejor en su viaje, lo cual tendrá un indudable impacto positivo en su agenda para ese día.

Y cuando la administrativa que lleva los cobros en la consulta de un médico ayuda a un paciente a encontrar una factura de hace seis meses, no sólo lo está ayudando con información. Le está dando tranquilidad porque le está facilitando llevar el cuidado de la salud de su familia, disminuyendo un estrés que empeoraría su estado.

Algunos jefes estarán haciendo muecas: «Venga ya, el camarero sirve desayunos y la administrativa lleva el papeleo, y punto pelota». Lo cual nos conduce al meollo de la cuestión. Si los jefes no pueden ver más allá de lo que sus empleados hacen a simple vista y, en este sentido, no pueden ayudarlos a entender de qué manera están ayudando a marcar la diferencia, entonces sus empleos se convertirán en miserables.

Tengamos en mente que los empleados de Southwest Airlines están haciendo justo el mismo trabajo que los trabajadores de cualquier otra gran compañía aérea, pero, sin embargo, los de la Southwest se sienten mucho más amargados que el resto. Y los adolescentes del In-N-Out Burger y los del Chick-fil-A también hacen el mismo trabajo que los trabajadores de cualquier otro restaurante de comida rápida, pero los primeros están menos amargados que los demás.

Eso es porque la diferencia no reside en el trabajo propiamente dicho, sino en la dirección. Y una de las cosas más importantes que cualquier jefe puede hacer es ayudar a sus empleados a reconocer por qué su labor le importa a alguien. Y aunque pueda parecer una perogrullada, ésta es una parte fundamental de la naturaleza humana.

INCONMENSURABILIDAD

Yo no sé si esta palabra está en el diccionario. La uso para describir la tercera causa fundamental de la miseria laboral, porque no encuentro un término mejor para describirla. Se trata, básicamente, de la imposibilidad de medir, o cuantificar, o calcular los progresos y el éxito en el empleo. Cuando no se consigue, aparece un sentimiento de dependencia de un superior que juzgue, de manera bastante subjetiva, los resultados diarios, semanales o mensuales de los logros de sus empleados.

Aquí el problema radica en que nadie quiere que su labor dependa de las opiniones y puntos de vista subjetivos de otro ser humano. Y eso fastidia, porque acaba obligando a las personas a comprometerse en posturas y políticas determinadas de las que muchas veces están personalmente alejadas y que, para colmo, las hacen sentir como si perdieran el control sobre sí mismas. Los empleados que consiguen medir sus propios progresos o su contribución específica desarrollan un notable sentido de la responsabilidad y del compromiso, de los cuales carecen los que no pueden medirse.

La clave para establecer medidas efectivas en un empleo reside en la identificación de esas áreas en las que el empleado influye de manera directa, asegurándose de que las mediciones específicas estén relacionadas con la persona o grupo de personas a las que se sirve. Este punto merece repetirse hasta que quede meridianamente claro. Si no se relaciona la medición con la relevancia, no sólo se actúa de un modo ilógico, sino que también se crea confusión entre los empleados, a los que se abandona preguntándose por qué no miden y cuantifican las partes más importantes de su labor.

Con demasiada frecuencia, un directivo intentará reunir a sus empleados para solicitarles macroobjetivos (por ejemplo, aumentar las ganancias de la empresa, recortar gastos, o conseguir que suban las acciones).

El problema es que muchos empleados no ejercen impacto directo sobre esas cosas, al menos en sus quehaceres diarios. Cuando se dan cuenta de que no hay un vínculo claro entre las responsabilidades de su trabajo cotidiano y aquello que tienen que medir, pierden todo el interés y se sienten incapaces de controlar su propio destino. Y mientras muchos directivos se sienten tentados a acusarlos de perezosos o a ignorar el bienestar de la empresa, están equivocándose seriamente al no entender que sus empleados sólo necesitan identificar aquellos elementos cuya medida tenga que ver con el trabajo que desempeñan.

Por eso hay tantos vendedores que disfrutan con sus trabajos. No dependen de nadie que les diga si están haciendo su trabajo bien o mal. Al final de su jornada laboral –y a veces antes– el comerciante sabe si ha vendido mucho o poco, si ha tenido ganancias o no.

Los deportes son otro ámbito de fácil medición (aunque el anonimato y la irrelevancia sigan siendo un problema). Imaginemos un partido de baloncesto sin marcadores, donde sólo contase la valoración subjetiva de los jueces. ¿No sería un partido miserable?

Por desgracia es muy común ver empleados mal dirigidos y mal asesorados.

Al contrario que el deporte, las mediciones en los negocios no necesitan ser completamente cuantitativas para ser eficaces. En muchos casos intentar sobrecuantificar las mediciones con números las hace irrelevantes porque la medición es artificial. Las mediciones más efectivas y apropiadas tienen que ver con el comportamiento, y basta un simple sondeo de los clientes o la mera observación del comportamiento para ver los índices de satisfacción.

Irónicamente, una medida no tiene que ir unida a una compensación para ser efectiva. De hecho, las investigaciones psicológicas indican que relacionarlas puede reducir los incentivos. Sea esto cierto o no en determinadas situaciones, lo verdaderamente importante es que la gente necesita mediciones en su empleo para tener la sensación de que está cumpliendo con su deber de manera adecuada. Los grandes deportistas no se superan, no mejoran récords ni meten goles por los posibles beneficios que repercutan en sus contratos –aunque también están seguros de que no dejarán de ganar dinero–, sino porque les gusta competir.

La gente más cínica no estará de acuerdo con este punto, ya que pensará que el único objetivo del vendedor es ganar dinero sin importarle nada más. En realidad, los mejores vendedores tienen su mayor motivación en la sensación de estar ganando, pero no dinero, sino en la competición. Obviamente, les gusta ganar dinero, como a todos, pero lo que les da empuje es batir nuevos récords. Por eso hay tantos vendedores que participan en otros tipos de competiciones en su tiempo libre, deportivas o del tipo que sean. Les gusta competir y ganar, tanto si la recompensa es económica como si es de otra índole.

CASOS PRÁCTICOS

Basta ya de tanta teoría. Ha llegado el momento de observar qué ocurre cuando se aplica lo que hemos estado aprendiendo.

Lo que vamos a ver son unos ejemplos de cómo los directivos de sectores diversos, y a todos los niveles, han convertido los trabajos de sus empleados en una experiencia llena de compromiso y participación. Algunos de los casos son muy directos y fáciles de comprender, mientras que otros son realmente únicos y requieren mucha creatividad por parte de los jefes. Sea cual sea el caso, todos ellos son del todo factibles para cualquier directivo que tenga la disposición y las ganas de hacer algo diferente para animar a sus empleados.

Ejemplo 1: El vicepresidente de marketing

Nancy es la jefa del departamento de marketing de una mediana empresa de informática. Se encarga de entregar al director ejecutivo y a los supervisores todo lo necesario para crear y mantener la marca, mejorar la presentación del producto y diseñar la página web de la compañía. ¿Por qué tendría que estar amargada?

Anonimato

Hay muchas probabilidades de que el factor clave, aquí, sea el anonimato. Como suele ser el caso de muchos ejecutivos superiores, el directivo al que ella entrega los informes tiene poco tiempo, o poca inclinación, a tomarse un interés personal en la vida de sus subordinados, porque los considera, en definitiva, gente que no necesita apenas supervisión y ayuda. Lo que deberíamos tener presente es que los ejecutivos superiores como Nancy tienen tanta necesidad de la atención de su jefe como los empleados más básicos, aunque raramente lo admitan. Eso no significa que el jefe tenga que ser condescendiente con Nancy y meterse en cuestiones irrelevantes, como preguntarle por la vida de sus hijos pequeños. Pero tendrá que desarrollar un interés genuino en el desarrollo de la carrera de Nancy y en su vida en relación con el trabajo. Por absurdo que pueda parecer, este proceder aumentará la eficacia y el bienestar de Nancy.

Irrelevancia

Muchos ejecutivos como Nancy pueden llegar a olvidar el significado de su trabajo. Ahora que ha conseguido un notable grado de éxito en su carrera y está cobrando un muy buen sueldo, Nancy podría estar preguntándose cuál es el propósito de su trabajo, en el más amplio sentido. Su superior tiene que ayudarla a sentirse personalmente conectada con la empresa y con el impacto que ella tiene en los clientes, o quizás ofrecerle cierto sentido a cómo puede ella influir en la vida de su equipo y hacerle sentir más pletórico y feliz con su carrera. O ambas cosas. También tendrá que ayudarla a comprender cómo puede mejorar su vida y su carrera haciendo un buen trabajo.

Valoraciones

Ésta es un área en la que Nancy no puede andar muy perdida, porque ella, como muchos otros ejecutivos, disponen de muchos datos que pueden relacionar con un análisis cuantitativo que los guían a la hora de hacer su trabajo. Sin embargo, puede ser posible que las mediciones que Nancy utilice no sean las correctas y estén desconectadas del significado de su propia labor. Su jefe debería recordarle los progresos que está haciendo con su equipo; además, evidentemente, de ayudarla a medir el impacto de sus programas en la vida de los demás y en la empresa misma.

Por cierto, Nancy tiene una secretaria que se llama Jenny...

Ejemplo 2: La secretaria

Las responsabilidades de Jenny abarcan la planificación, la comunicación y la asistencia general a su jefa. No tiene ningún tipo de contacto con los clientes de su empresa y emplea la mayor parte de su tiempo y energía en proteger a Nancy de toda la gente que reclama su tiempo y su atención. Jenny se siente poco apreciada por su jefa y maltratada por toda la gente a la que tiene que decir no cada día.

Anonimato

En este caso, el anonimato no es un problema para Jenny, sino que, más bien, puede ser una solución. La jefa de Jenny sólo tiene que preocuparse de mostrar interés en ella como persona, así como por las aspiraciones que pueda tener. Nancy tiene que solucionar las limitadas opciones de Jenny para progresar en su carrera aportándole oportunidades de desarrollo personal y nutriendo –sí, nutriendo– una relación especial de tú a tú, que debe ser única entre un ejecutivo y su asistente personal.

Irrelevancia

Nancy tiene que tomarse el tiempo necesario para recordar a Jenny lo mucho que su labor impacta en su habilidad para servir a la empresa como ejecutiva. Tiene que ayudar a Jenny a darse cuenta de la influencia que tiene en su carrera y cómo las decisiones que toma como secretaria afectan a su jefa profesional y personalmente. Desde luego, para evitar que Jenny se acabe creyendo que su éxito depende tan sólo de su jefa, Nancy deberá ayudarla a establecer alguna forma de medir su eficacia en el trabajo, de la manera más objetiva posible.

Mediciones

La mejor vía para establecer mediciones relevantes consiste en pensar en asesorar a Jenny sobre las diferentes maneras en que su labor puede impactar en la vida de su jefa y, además, favorecer a toda la empresa. Esta estrategia puede incluir una reunión semanal para establecer la estrategia del planning, para el pensamiento creativo, el modo de respuesta en las comunicaciones, la forma de eliminar reuniones innecesarias e interrupciones.

Por cierto, Jenny gestiona los viajes de Nancy y a veces le hace reservas en hoteles boutique especiales para gente de negocios...

Ejemplo 3: Servicio nocturno de habitaciones en un hotel

Carson es el único camarero del servicio nocturno en un hotel boutique que proporciona servicio a gente de negocios que viaja. Informa al jefe de día, al que ve muy raramente, y al jefe nocturno, al que ve de manera intermitente. Las responsabilidades laborales de Carson incluyen recoger pedidos, preparar la comida y entregarla a los clientes que la hayan solicitado de doce de la noche a seis de la mañana. Además, ayuda al jefe nocturno en tareas de oficina y echa una mano en tareas de seguridad y mantenimiento durante las horas nocturnas.

Anonimato

Este problema es un buen candidato para ser el factor principal de falta de compromiso de Carson con la empresa, dado que apenas tiene contacto con otros empleados del hotel. Por eso, el jefe diurno debería conocer a Carson y utilizar los medios de comunicación que sean necesarios para estar en contacto con él de un modo regular. También debería trabajar conjuntamente con el jefe nocturno para asegurarse de que con Carson todo se desarrolla como debe y que va desarrollando un sentimiento de pertenencia.

Irrelevancia

Ésta podría ser otra causa de insatisfacción en el trabajo de Carson. Su jefe deberá ayudarlo a entender que, en las raras ocasiones en que un huésped necesita sus servicios, suele estar en una posición inusual, por no decir con serias necesidades. En muchos casos, dichos huéspedes han llegado al hotel muy tarde por culpa de un vuelo con retraso o de un chárter, están agotados y tienen hambre, o no consiguen dormir por el *jet-lag* o se encuentran mal. El servicio nocturno está en una posición única para causar un impacto realmente positivo en la vida de ese huésped haciendo que se sienta lo más cómodo posible, mucho más de lo que pueden conseguir sus colegas del turno de día.

Además del impacto que tiene Carson en los huéspedes, también puede marcar la diferencia en el día a día de su jefe, ofreciéndole ayuda en la parte de oficina y siendo una fuente de buena compañía en los momentos de soledad y quietud.

Mediciones

Aunque Carson recibirá propinas y agradecimientos por parte de los huéspedes, las mejores mediciones partirán de su propio jefe directo. Eso no significa que el jefe tenga que contabilizar el número de alabanzas que los clientes hagan de Carson ni las propinas que le den. Significa que el jefe ayudará a Carson a medir otras cosas, como el tiempo que le lleva gestionar los pedidos y solicitudes de los clientes. También deberá controlar la calidad del trabajo que desempeña Carson en general.

Además, los sábados por la mañana, cuando Carson sale del trabajo, se va a hacer la compra a un colmado…

Ejemplo 4: El chico del súper

Andy tiene dieciséis años y estudia en el instituto. Trabaja en el supermercado los fines de semana empaquetando productos y ayudando a los clientes. Depende del jefe de cajeras.

Anonimato

Andy sabe que está en la parte más baja de la pirámide jerárquica en el supermercado. Aunque tiene muy buena relación con el grupo de cajeras, siente que es el último mono para su jefe. Su superior, por tanto, necesita encontrar una forma de conectar con Andy mediante algo que le importe al chico. Como el fútbol. Una conversación ocasional sobre el San Francisco 49ers –o sobre una revista gratis que viene con el periódico– puede ser un buen principio. Así, el jefe podrá desarrollar una relación más auténtica y cercana con el chaval que hará que se sienta más comprometido con el súper y más entusiasta frente a sus obligaciones.

Irrelevancia

Sería muy fácil, para Andy, creer que su trabajo no es importante y sirve de poco, que tan sólo le sirve para ganar algo de dinero los fines de semana. Su jefe deberá ayudarlo a entender cómo es capaz de marcar la diferencia en la vida de los clientes y quizás también en la de las cajeras. Andy debería considerar la posibilidad de hacer algo único para mejorar la experiencia de los clientes. Podría ser algo como comentar la clasificación de los equipos en la liga, preguntarles cosas triviales para distraerlos o simplemente hablarles de cualquier cosa que esté pasando. De nuevo, podemos pensar que esto es una tontería, pero reflexionemos al respecto, porque es una buena forma de animar y hacer más agradable la experiencia de compra de los clientes y el trabajo de Andy. Los grandes directivos de las mejores compañías no dudan en implementar medidas, por tontas que parezcan, si tienen sentido y marcan la diferencia.

Mediciones

Este punto es todo un reto en tipos de trabajo del sector servicios, como es el de Andy. Lo que debe hacer el jefe de Andy es establecer unas cuantas formas de medir los pequeños éxitos cotidianos del chico. Puede ser la cantidad de veces que hace reír a los clientes. O incluso a las cajeras. Quizás podría reducir el tiempo que los clientes tienen que esperar desde que van a pagar hasta que salen del súper. O el tiempo que tarda en ubicar a los clientes en la caja que les corresponda. Sea la medida que sea, lo importante es que Andy lo vea y sea capaz de cuantificarlo solo, porque entonces ve que el día está yendo bien y su trabajo está bien hecho.

Por otra parte, a Andy le gusta mucho el fútbol…

Ejemplo 5: El receptor

Michael es el último receptor estrella fichada por el equipo local de fútbol americano. Con veinticinco años gana 4,2 millones de dólares al año, vive en una casa de ensueño, vuela en un jet privado y duerme en hoteles de lujo.

Anonimato

La gente se sorprendería de saber que Michael –como muchos deportistas de élite– siente que su trabajo es miserable. Y todavía se sorprendería más al saber que el anonimato tiene mucha culpa de esta horrible sensación. Aunque Michael es famoso y recibe una constante atención y la adulación de fans y admiradores de todo tipo, incluida la prensa, siente que su entrenador no le hace mucho caso dentro del equipo, más allá de los momentos en el estadio. Cuando se acaban los partidos, su entrenador no se interesa en su vida personal ni en lo que siente, teniendo en cuenta que siempre está en ciudades distintas, lejos de su familia y amigos. Ese entrenador debería hablar más con Michael sobre algo más que la clasificación y sus logros deportivos. Tiene que interesarse por conocer lo que le gusta a Michael fuera del campo y a qué piensa dedicarse cuando su carrera deportiva se agote. De ese modo, Michael se sentirá más cómodo. Una comodidad valiosa, pero comodidad al fin y al cabo.

Irrelevancia

Muchos deportistas profesionales como Michael pierden, o nunca llegan a desarrollar, el sentimiento de que están ejerciendo un impacto positivo en la vida de otras personas. Saben que son admirados por sus logros, pero no son capaces de ver el impacto de sus éxitos en la vida real. El entrenador de Michael debería ayudarlo a comprender que, si juega bien, ayuda a la gente a ser más feliz. Hay fans que se gastan buena parte del poco dinero que ganan en comprar entradas para verlo y, cuando su equipo gana, pasan una semana entera de felicidad, como si hubieran ganado ellos mismos. Aunque pueda parecer una locura, esto es una realidad y podría ser el mejor incentivo para que Michael jugara lo mejor posible.

Y Michael, por su parte, necesita saber que cuando él juega con determinación y competitividad y deportividad –y emplea un poco de su tiempo en firmar autógrafos y hacerse fotos para ser amable con sus fans–, sus admiradores se sienten orgullosos de él, de ellos y de toda la comunidad.

Más allá de los fans, Michael puede influir en toda la gente que trabaja para el equipo. Todos, desde el presidente hasta el recepcionista, sentirán la dulce sensación del trabajo bien hecho cuando el equipo gane un partido. Y ese impacto se reflejará también en las esposas, maridos y familiares de todos los empleados. Si Michael no es consciente del tremendo impacto que su trabajo ejerce en los demás, él y su equipo estarán perdiendo una poderosa fuente de motivación.

Mediciones

Este problema tal vez no afecte a Michael, porque perder o ganar partidos es el mejor indicativo de un trabajo bien o mal hecho. Sin embargo, Michael no controla lo que ocurre fuera de temporada y, entonces, tendrá que buscar otros elementos de medición de su comportamiento y de su rendimiento. Fuera del campo, cualquier interacción con fans o con los empleados de la organización pueden ser buenos elementos de medición. Sea como sea, Michael necesita una forma de medir qué impacto ejerce en la gente para que su trabajo le parezca relevante y bien hecho.

De momento, Michael está remodelando su casa…

Ejemplo 6: El jefe de obras

Peter es uno de los tres encargados de obra de una empresa constructora. Tiene diecisiete empleados trabajando en tres equipos diferentes, construyendo y reformando casas de lujo. Peter está extremadamente comprometido con su trabajo.

Anonimato

Éste no es un problema para Peter, porque lleva trabajando en la empresa veintidós años y tiene una relación muy próxima con su jefe y sus colegas, a los cuales considera ya amigos personales. Todos ellos conocen tanto a Peter como a su mujer y se interesan por la vida personal de ambos.

Irrelevancia

El nivel de satisfacción de Peter con su trabajo no siempre está en lo más alto. Tras unos cuantos años de trabajo, empezó a dejar de sentir la pasión que sentía al principio, justo cuando se fue dando cuenta de que algunos clientes, algunos de los cuales eran extremadamente ricos, no apreciaban de manera conveniente el trabajo que se les había hecho. Su jefe tuvo que recordarle muy a menudo, una y otra vez al principio, que más allá del trabajo que habían hecho, él era capaz de ejercer impacto en la vida del resto de trabajadores que estaban bajo su supervisión. Muchos de ellos no habían acabado ni el instituto o habían emigrado a Estados Unidos buscando un futuro mejor para sus hijos, y Peter era una de las personas más importantes que los ayudaba a conseguirlo. En ocasiones, a Peter le costaba menos entender que su papel como jefe de cuadrilla tenía más sentido que su papel como jefe de obra, a pesar de que ambas cosas están conectadas de una manera muy estrecha.

Mediciones

Las mediciones tampoco son un gran problema para Peter. Los presupuestos y los plazos de entrega siempre han sido buenos marcadores y los clientes suelen ser muy espontáneos en cuanto a su nivel de satisfacción (sobre todo con la falta de ella, que suele provocar una reacción inmediata). Pero para medir su impacto sobre los empleados, Peter se fija en su habilidad para retener a la gente en sus empleos, los ayuda a comprar casa, a mandar a los hijos a la universidad y a ahorrar dinero para el futuro. También se sentía pletórico cuando veía que su equipo llegaba feliz al trabajo cada mañana.

En otro orden de cosas, Nancy, la hija de Peter, es ejecutiva de marketing de una mediana empresa de informática...

PASAR A LA ACCIÓN

¿Estás preparado para pasar a la acción? La respuesta dependerá de quién seas exactamente:

Si eres un jefe…

Intenta dar tres pasos simples para que tus empleados dejen de estar amargados. Lo primero es una documentación honesta, preguntando unas cuantas cosas obvias sobre cada uno de los tres síntomas de amargura.

Anonimato: ¿Realmente conozco a mi equipo? ¿Conozco sus intereses? ¿Cómo pasa su tiempo libre? ¿Cómo se siente con sus vidas?

Irrelevancia: ¿Sabe a quién impactan positivamente con su trabajo? ¿Y cómo?

Mediciones: ¿Sabe cómo calcular sus propios progresos y sus éxitos?

Luego, tendrás que considerar *asesorar al empleado*, ayudando a la gente a disponer de información para confirmar o negar la exactitud de sus respuestas en cada una de las tres áreas.

Finalmente, desarrolla un plan para arreglar cualquier problema en las tres áreas que convierten un trabajo en miserable. Para ello se puede planificar una serie de entrevistas de tú a tú, o una sesión en equipo, como terapia de grupo. Y si se observan respuestas ambiguas o vagas, que puede convertir a un empleado en sospechoso de tener motivos ocultos, es una buena idea explicar las tres causas y lo que estás intentando hacer.

Si eres un empleado, un ejecutivo de RR.HH. o un recién licenciado…

Puedes hacer algunas cosas para incrementar los factores que te comprometan más con tu trabajo. Para empezar, habla con tu jefe (o tu futuro jefe) sobre las tres causas de amargura en el trabajo y tu deseo de evitarlas. Muchas personas quieren ser buenos directivos, y si saben que pueden mejorar a un coste relativamente bajo, estarán dispuestos a cambiar de comportamiento.

No te asuste hablar del tema. «Acabo de leer un libro sobre compromiso en el empleo y me gustaría comentarlo contigo. No porque seas un mal jefe, sino porque creo que mi rendimiento podría mejorar, y trabajando aquí todavía más si soy capaz de aprender unas cuantas cosas de ti».

Explícale que quieres hablar con él para comentarle quién eres, cuáles son tus intereses y aspiraciones, qué impacto ejerces en las demás personas a través de tu trabajo y cómo pretendes medir tus logros. Si tu jefe no parece interesado en el tema, simplemente sonríele con amabilidad y dile que no pasa nada y que un día le entregarás un informe con tus ideas para estar comprometido con tu empleo.

Si estás intentando conseguir el gran trabajo de tu vida, habla con los entrevistadores y pregúntales si en esa empresa se interesan por sus empleados, cómo tratan el tema del impacto en la vida de las demás personas y cómo va a ser medido. Si las respuestas que escuchas indican anonimato, irrelevancia o falta de mediciones, sabrás que las posibilidades de plenitud profesional serán muy bajas.

Si eres un ejecutivo, un profesional de RR.HH. o un asesor y estás interesado en implantar un programa en tu empresa para mejorar el compromiso de los empleados...

Apúntate a una sesión práctica. En ella se introduce a los directivos en el problema de las tres causas de miseria laboral y se les ayuda a confeccionar planes dirigidos a sus respectivos empleados.

Herramientas gratuitas e información sobre nuestros productos y servicios en torno al compromiso de los empleados en:

www.tablegroup.com/employeeengagement

EL MINISTERIO DE LA DIRECCIÓN

Siempre he pensado que es una pena que la gente no escoja más profesiones «serviciales». De hecho, en ocasiones he sentido la punzada de la culpabilidad por no haber elegido una carrera que estuviese completamente enfocada a los demás. Siento una admiración muy profunda por la dedicación y el trabajo duro que lleva a cabo el clero, los trabajadores sociales o los misioneros, y me pregunto por qué nunca he abandonado mi carrera para imbuirme en ese tipo de labor.

Aunque no he abandonado por completo la idea de hacerlo algún día, he llegado al convencimiento de que todos los directivos pueden –y deben– ver su propio trabajo como un ministerio. Un ministerio de servicio al prójimo.

Ayudando a la gente a comprometerse con su propio trabajo y ayudándola a conseguir el éxito en aquello que emprenda, un directivo tiene un profundo impacto emocional, financiero, físico y espiritual en sus empleados y las familias de éstos. También puede crear un entorno en el que los empleados hagan lo mismo con sus pares, aportándoles una especie de ministerio sobre ellos mismos. Y eso es, ni más ni menos, un regalo de Dios.

Supongo que lo realmente vergonzoso no es que poca gente se dedique al servicio a los demás, sino que tantos y tantos jefes no se den cuenta de que su trabajo es un servicio a las personas.

AGRADECIMIENTOS

Hay mucha gente a la que tengo que agradecer su ayuda en la redacción de este libro.

Gracias a Laura por su confianza y por dejarme escabullirme del hotel para escribir. A mis hijos, gracias por entender que papá tuviera que irse por la noche muy tarde y por hacerme compañía de vez en cuando.

Gracias a mis colegas de The Table Group. A Tracy, por su solícita y persistente guía, así como a su dedicación personal y profesional en la elaboración de esta obra. A Karen, por escuchar mi errático discurso en el aeropuerto de Oklahoma City, el día que se me ocurrió la idea de escribir el presente texto. A Amy, Jeff, Michele, Lynne y Alison, por hacer que mi trabajo sea de todo menos miserable. Para mí es una bendición que os encontréis entre mis amigos.

Y un agradecimiento especial para mi madre y mi padre, mi hermano y mi hermana, por su apoyo y su interés en mi trabajo, ahora y en cualquier momento de mi vida. Papá, gracias por compartir conmigo tus opiniones sobre tus amarguras puntuales en el trabajo y por trabajar con ahínco para permitirme ir a la universidad. Mamá, gracias por tu aliento permanente y por escuchar y ayudar a papá en su trabajo. Vince, gracias por compartir las amarguras de algunos trabajos conmigo cuando éramos jóvenes. Rita-marie, gracias por el trabajo tan especial que hiciste conmigo.

Gracias a todos los empleados que han formado parte de mi educación laboral a lo largo de los años, desde el Maitia's Basque Restaurant y el California Republic Bank en Bakersfield, hasta el Bain & Company y el Oracle and Synbase en la bahía de San Francisco. Desde los lavaplatos y camareras hasta los asesores y ejecutivos, todos habéis contribuido a mi comprensión y mi pasión por encontrar la plenitud en el trabajo.

Estoy agradecido a los numerosos jefes que he tenido en todos mis empleos: Frank Sr., Frank Jr., Annie, Frank, Steve, Cindy, Brenda, Rena, Torrey, David, Giffin, John, Anne, Jay, Greg, Meg, Rob, Noosheen, Gary, Mike, Nancy, Sally, Mike, Mark, Janet y Mitchell, y cualquier otro que me haya podido olvidar.

Gracias a los amigos del Jossey-Bass/Wiley por su entusiasmo y compromiso. Gracias a Susan, Rebecca, Deborah, Cedric, Carolyn, Erik, Rob, Larry, Dean, Stephen y tantos otros que se desplazan por todo el país para hacer posible que mis libros salgan adelante y encuentren un lugar en el mercado.

Y también me gustaría dar las gracias a Jim Levine y al resto de amigos del Levine Greenberg que me representan. Jim, tu sincero interés por The Table Group marca la diferencia en todos nosotros y nunca deja de sorprendernos.

Gracias a los amigos y a la familia, que nos han proporcionado ideas y apoyo para este libro, especialmente a Al y a Patty. Gracias a Greg por hacer posible que Tracy trabaje de noche para que mi libro viera la luz. Y gracias a Matthew, a Tom y a Daniel por regalarme tanto tiempo y aconsejarme de manera gratuita.

Y a mis otros amigos –Andy, Barry, Brian, Dante, Eric, Jamie, John, Rob y Will–, gracias por vuestro interés en mi trabajo, que significa para mí más de lo que imagináis.

Finalmente, doy gracias a Dios por el regalo de mi trabajo y por permitirme hacer lo que me gusta de manera que pueda servirte.

ACERCA DEL AUTOR

Patrick Lencioni es fundador y presidente de The Table Group, una empresa dedicada a proporcionar ideas, productos y servicios a las compañías para que mejoren su trabajo en equipo, sean claras y consigan la participación y el compromiso de sus empleados. La pasión de Lencioni por las empresas y los equipos de trabajo se refleja en sus textos, en su discurso y en sus consejos.

Es autor de varios best-sellers con cuatro millones de copias vendidas. Cuando no está escribiendo, asesora a directivos y a sus equipos, ayudándolos a llegar a ser más cohesivos en el contexto de su estrategia de negocios. La generalizada atracción hacia los modelos de liderazgo de Lencioni han ayudado a una increíble cantidad de clientes entre los que se encuentran unas 500 empresas, organizaciones deportivas profesionales, cuerpos militares, organizaciones sin ánimo de lucro, universidades e iglesias. Además, Lencioni da conferencias para miles de líderes empresariales cada año.

Para saber más sobre Patrick y The Table Group: www.tablegroup.com

ÍNDICE